언택트 시대,

프로 일잘러의 업무 공식 S.T.A.R

언택트 시대,
프로 일잘러의 업무 공식 S.T.A.R

김용무, 손병기 지음

스마트 워킹의 시대

핵심 업무에 집중해 일의 가치를 높이는
스마트한 업무의 기술

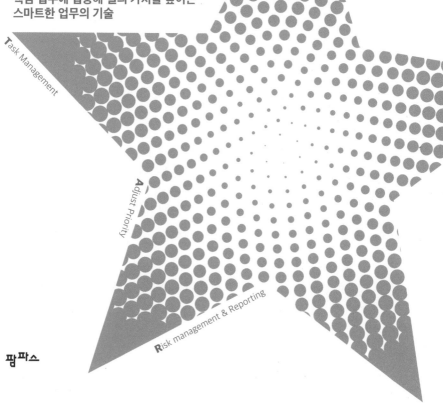

Sense of Direction

Task Management

Adjust Priority

Risk management & Reporting

팜파스

언택트 시대, 변화된 업무 환경

워라밸? 워라짬이다!

집에서 일하면 좋을 줄 알았다. 지긋지긋한 출퇴근에서 해방될 수 있고, 여유 있게 커피 한 잔 마시며 나만의 공간에서 조용한 음악을 들으면서 일할 수 있을 줄 알았다. 가끔은 일하는 중간에 반려견을 돌보며, 학교에 못 나가고 있는 아이들도 챙기면서 여유 있게 일할 줄 알았다.

그런데 현실은 언제나 나의 예상을 어김없이 깨뜨린다. 아이들의 뛰어다니는 소리에 정신을 집중할 수가 없다. 사랑스럽기만 할 것 같던 아이들은 갑작스럽게 나의 업무 공간에 불쑥 들어와서 이렇게 집중력을 흩트러 놓는다.

"아빠, 내 스마트폰 어디 있는지 알아요?"
"아빠, 저 나갔다 와도 돼요?"
"아빠, 형이 때렸어요!"

팀장은 메신저로 끊임없이 지시를 내린다. 아침에 보고 자료를 요청하더니 곧바로 어제 시킨 기획서는 잘 되고 있느냐고 묻는다. 그리고는 갑자기 금주 프로젝트 관련 진행 사항을 확인한다. 메신저로 보내고, SNS로 되묻고 또다시 전화를 한다. 팀장은 지시를 많이 내리는 것이 본인의 일을 열심히 하는 것이라고 생각하는 것 같다.

인사팀에서도 다른 팀에서도 메일이 끊이지 않고 들어온다. 이놈의 업무 지침은 왜 이리 자꾸 생기고 변경되는지, 내용을 숙지하기도 어렵다.

거래처에서도 정신없이 연락이 들어온다. 내용을 확인하기 위해 하 대리에게 문의했는데, 하 대리는 답이 없다. 분명히 메일은 읽은 것 같은데, 내용을 준비하고 있는지 모르겠다. 급한 마음에 전화를 하지만, 계속 통화 중이고 연락이 안 된다.

팀 화상 회의에 들어갔다. 오랜만에 얼굴을 보니 반갑기는 한데, 어떤 버튼을 눌러야 하는지 헷갈리다 보니 매번 발언 기회를 놓친다. 박 과장은 적절한 타이밍에 팀장에게 자신이 하고 있는 일을 보고 하는데, 나는 말도 잘 들리지 않는다고 팀장에게 한소리 들었다. 애들은 화면 뒤로 뛰어다니고, 애들이 싸우는 소리가 들어갔는지 팀원들이 웃는다. 회의를 오랫동안 한 것 같은데, 도대체 무슨 회의를 했는지도 모르겠고 정신이 하나도 없다.

아… 그렇게 일 처리 깔끔하던 나의 이미지가 점점 퇴색되어간다.

집에서 일하면 충만한 워라밸(Work and life balance)을 누리며 일할 수 있을 줄 알았다. 그런데 현실은 워크와 라이프의 짬뽕이다. 어느 것도 하나 제대로 되는 것이 없다. 하루 종일 일한 것 같은데, 성과가 없다.

언택트 시대, 변화하지 않으면 'C-플레이어*'로 전락할 수도 있다

언택트 워크(Untact work), 즉 비대면으로 일해야 하는 상황이 갑작스럽게 찾아왔다. 어떻게 일하는 것이 정답인지 아무도 제시해주지 않기 때문에 우리는 스스로 알아서 일하고, 알아서 적응해야 하는 각자도생의 시대를 경험하고 있다. 현재 진행 중인 이 거대한 변화 속에서, 하루 종일 일하고도 "한 게 뭐냐?"라는 억울한 소리를 듣지 않기 위해서는 언택트 환경에 내재된 장벽을 이해하고 그에 맞춰 일할 수 있어야 한다. 그렇지 않고 기존의 방식을 그대로 답습한다면 아무리 하루 종일 애쓴 결과물이라 할지라도 성과는 장담할 수 없다.

언택트 워크의 첫 번째 장벽은 조직 운영의 '감(感)'이 떨어진다는 점이다. 이전에는 상사와 부하직원이 같은 사무실에서 근무하기 때문에 상사는 부하직원과의 직·간접적 접촉을 통해 상사 스스로 업무 진행 상황에 대한 '감'을 잡을 수 있었다.

---

* **C-플레이어** 기업 등 조직의 근무평가에서 업무 능력이 떨어지는 것으로 평가되는 직원(출처_ 두산 백과)

'김 과장은 내가 시킨 일을 잘 준비하고 있는 것 같군', '요즘 김 과장이 많이 바쁘네. 일 때문에 스트레스가 많겠어!'와 같이 분위기를 파악할 수 있었다. 그러나 서로 떨어져 있는 상황이라면, 상사는 부하직원들이 제대로 일을 하고 있는지 '감'을 잡을 수 없다. 보이는 게 없으니 불안하다.

동시에 부하직원도 상사에 대한 '감'을 잡기가 어려워졌다. 같은 공간에 있다는 것, 접촉하고 있다는 것은 상사의 상황을 어느 정도 이해할 수 있게 해준다. 따라서 상사의 이번 지시가 어떤 맥락에서 나왔고, 이번에는 어떤 것에 중점을 두어서 내용을 준비해야 하는지, 상사가 무엇을 고민하고 있는지 이해할 수 있었다. 하지만 이제는 상사도 부하직원도 그 '감'을 잡기가 어려워졌다.

언택트 워크의 두 번째 장벽은 담당자가 적극적으로 보여주지 않으면 업무 진행 상황을 볼 수 없다는 점이다. 마치 화상 회의 참여자가 자신의 캠을 꺼버리면 다른 사람이 아무것도 볼 수 없는 것과 같다. 적극적으로 보여주지 않으면 상사는 업무의 결과를 알 수 없다. 아무리 열심히 일했다 할지라도 상사에게 보여주기 위해 적극적으로 노력하지 않으면, 그래서 상사가 그 일의 결과를 알지 못한다면 상사의 입장에서 볼 때 그 직원은 일을 한 것이 아니다. 하루 종일 업무에 대해 고민하며 영혼까지 탈탈 털리며 일을 했다 할지라도 상사에게 그 일의 결과를 제대로 전달하지 않는다면, 당신은 일을 안 한 것과 마찬가지다.

언택트 워크의 세 번째 장벽은 일하는 방식이 기존과는 다르다는 점이다. 이전처럼 한 사무실에서 얼굴을 맞대고 일하는 방식이 아니라 각자 다른 공간에서 협업을 하고 업무를 진행해야 한다. 예전에는 일이 잘 안 풀리고 문제가 발생하면 당장 현장으로 뛰어가 담당자와 얼굴을 맞대고 끝까지 문제를 해결하는 것이 일 잘하는 사람의 모습이었다. 적극적인 현장 관리, 고객 밀착 관리, 얼굴 영업이라는 말이 괜히 나온 게 아니다. 그러나 이제는 그런 시대가 아니다. 담당자와 얼굴을 맞대는 상황 자체가 불가능한 경우가 많아졌다. 이런 상황에선 온라인상으로 소통하고 기존과 다른 커뮤니케이션 툴을 활용하여 업무를 협의하고 문제를 해결해야 한다. 이렇게 언택트 워크 상황에서 업무를 잘하기 위해서는 어떤 능력이 필요할까?

서울대학교 산업인력공학과 이찬 교수는 언택트 학습장(가상교실: Virtual class)에서 중요한 두 가지 역량을 다음과 같이 제시한다. 디지털 기기를 능숙하게 다루고 프로그램을 잘 활용하는 디지털 문해력(Digital literacy)과 핵심 내용을 빠르게 포착하고 습득하는 학습 민첩성(Learning agility)이다. 이 두 가지는 언택트 업무 환경에서도 마찬가지로 중요한 역량이다. 디지털 기기를 통해 자신이 의도한 바를 신속하게 전달하고 일을 촘촘하게 점검할 수 있게 하는 디지털 활용 능력이 필요하다. 상대의 상황, 업무 상황에 맞는 커뮤니케이션 툴을 활용하고, 자신의 의도에 맞는 기능을 섬세하게 활용할 수 있어야 한다. 동시에 새로운 정보를 빨리 습득하고 정리할 수 있는 능력이 요구된다. 문제가 생기면 바로 현장으로 뛰어가던 물리적 민첩성은 이제 새로운 커뮤니케이션 툴을 활용해 일을 제대로 확인하고 신속하게 대안을 마련해가는 능력으로 확장되고 있다.

앞에서 제시한 세 가지의 장벽은 언택트 워크에 내재된 속성과 긴밀하게 연결되어 있다. 따라서 업무의 방식을 언택트 상황에 맞추지 않으면 '업무의 감이 떨어지고', '업무의 결과가 보이지 않고', '디지털 커뮤니케이션에 허덕이는' C-플레이어의 모습으로 전락할 수밖에 없다.

이제, 어떻게 일할 것인가

완전히 변해버린 환경 속에서 C-플레이어가 아니라, 업무의 능력자로 존재하기 위해서 어떻게 일해야 할 것인가? 이 책은 일잘러(일 잘하는 사람)가 언택트 워크 환경에서도 여전히 일잘러의 클래스를 지켜가기 위한 업무 방법을 제시한다. 변화된 환경 속에서 일잘러는 어떻게 일을 계획하고 시작할 것인지, 어떻게 일을 이끌어갈 것인지, 어떻게 상사에게 일의 결과를 알릴 것인지 그 기본을 다시 짚어보고자 한다.

일을 잘하는 방법의 본질은 변하지 않는다. 단지, 변화된 환경 속에서 그 본질을 빛나게 하는 섬세한 원리들이 있을 뿐이다.

언택트 시대에도 함께 지켜나가자.

일잘러의 클래스는 영원하다!

공저자 김 용 무

목차

1장

언택트 워크와 일잘러

온다고, 반드시 온다고 했다.
그런데 이렇게 올 줄은 아무도 몰랐다.
서로 얼굴을 맞대고 가까이에서 상대를 느끼면서 일해왔는데, 갑자기 거리를
유지하고 떨어져서 일을 해야 하는 시대!
접촉(Contact)이 아닌 비접촉(Untact)의 시대가 성큼 찾아왔다.

업무 환경이 180도 변한 상황을 모두가 처음 맞닥뜨렸고, 그 혼돈 속에서 일
하게 되었지만 우리의 일은 원래의 계획대로 돌아가야 하고, 우리의 생산은
멈출 수 없다.
우리의 고객은 우리의 상황을 이해할 수는 있지만, 납기의 지연과 결과의 부실
함은 용납하지 않기 때문이다.

변화된 상황은 모두가 알지만, 정작 현장에서 어떻게 일해야 할지는 아무도
모른다.
그래서 우리의 김 과장들은 오늘도 지친다.
그렇다면 이런 상황에서도 자신의 클래스를 지키는 일잘러에게는 어떤 비결이
있는 것일까?

언택트 환경에서 '일못러'가 듣게 되는 7가지 흔한 불만

● 김 과장의 충격 고백
"우리 팀장은 사이코다!"

난 팀장을 이해할 수 없다. 그 인간만 생각하면 팀원들과 술자리에서 할 얘기가 끊이지 않는다. 퍼내도 퍼내도 마르지 않는 샘처럼…. 팀장에 대한 불만, 팀장에 대한 불평을 얘기하다 보면 팀원들의 가슴에 묻힌 얘기들이 한도 끝도 없이 쏟아져나온다.

보통 직장인들은 자신의 팀장을 이해하기 쉽지 않다. 그들의 머리에는 '불평 프로그램'이 장착되어 있는 것 같다. 하루 일과가 팀장의 불평으로 시작해서 불평으로 끝나는 경우도 적지 않다. 어떤 불평이 가장 많을까? 소위 팀장들이 '쪼고 있는 멘트'의 내용들은 다음과 같다.

"내가 시킨 건 이게 아니잖아!"

"일이 장난이야?"

"한눈에 안 들어오잖아!"

"그러니까 뭐가 필요해?"

"언제 끝나? 얼마나 진행되었어?"

"이런 일 있으면 어떻게 할 거야? 머리는 왜 달고 다녀?"

"왜 이렇게 정신없이 일해?"

우리도 할 말은 많다. 입 밖으로 낼 수는 없지만….

'너님이 똑바로 안 시켰잖아요! 제대로 말을 하든가!'

'내가 장난하는 걸로 보여요?'

'이 복잡한 걸, 어떻게 한눈에 보이게 해요? 한눈에 안 보이면 꼼꼼히 보시든가~.'

'필요하다고 하면, 다 지원해줄 것도 아니잖아요!'

'일이 끝날 때 끝나는 거지…. 그걸 어떻게 말해요!'

'뭐… 그때가 되면 방법이 나오겠죠!'

'너님이 더 정신없게 만들잖아요!'

이렇게 불만 가득한 마음으로 보면, 팀장의 모든 것이 이상해 보인다. 나는 합리적이고 인간적인데, 팀장의 모습은 도대체 합리성이라고는 찾아볼 수 없다.

언택트 환경에서 팀장의 불만은 사라졌을까

팀장을 만나지 않으면, 팀장의 불만이 사라질 줄 알았다. 'Out of sight, out of mind'라고 하지 않았던가? 서로 안 보면, 불만이 줄어들 것으로 기대했다. 그런데 팀장의 불만은 여전하다. 약간의 단어만 바뀌었을 뿐 메신저로, 또 메일로 불만을 도배했다.

"내가 시킨 건 이게 아니잖아! 일이 뭔지 명확하게 파악 좀 하고 추진하라고!"

"장난치니? 도대체 뭘 한 거야?"

"문장이 한눈에 안 들어오잖아! 뭐라고 쓴 거야?"

"언제 끝나? 얼마나 진행되었어? 시간 되면 알아서 딱딱 보고해야 할 거 아냐?"

"이런 일 생기면 대책은 있어? 생각은 해봤어?

"왜 이렇게 정신없이 일해? 김 과장 일하는 것만 보면 있던 내 정신도 나간다, 야!"

접촉 상황이건 비접촉 상황이건, 내 일의 고객인 팀장의 불만이 끊이지 않는다.

성장하는 프로의 비밀: 불평에 답이 있다

이해되지 않는 팀장이라고 답을 내려버리면 내 직장생활의 해답은 딱 두 가지 밖에 없다. 팀장이 바뀌는 것! 아니면 내가 그 전에 당당하게 회사를 그만두는 것! 그리고 "너님 때문에 내가 그만둔다!"라고 시원하게 말하는 것!

그런데 그 이후의 삶은 그리 간단치 않다.

팀장만 바뀌면 해결될 줄 알았는데, 새로운 팀장은 더 이상하다. 역시 '구관이 명관'이라며 이전 팀장을 그리워하게 된다.

새로운 직장에 가면 만사가 다 해결될 줄 알았는데, 여기 팀장도 이전 팀장과 똑같은 말을 한다.

'아~ 팀장들의 머릿속에는 똑같은 불만 프로그램들이 내장되어 있단 말인가?'

자괴감에 빠질 뿐이다.

대신에 이런 상사들의 불평을 '일에 대한 조건'으로 해석하는 순간, 개미지옥과 같이 무한 반복되던 굴레를 벗어날 수 있는 답이 보이기 시작한다. 상사의 불만을 그저 불만으로만 여기는 사람은 금광석을 흔한 돌로 보고 밟고 다니는 사람이다. 그러나 상사의 불만을 일의 조건으로 해석하고 방법을 찾는 사람은 날마다 금은보석을 모으는 사람과 같다.

누가 부자가 될지, 누가 빛나는 삶을 살게 될지는 자명한 일이다.

전문가로서 업무 현장에서 10년 이상 강의와 컨설팅을 해왔지만, 실제로 나를 성장하게 했던 것은 고객의 불만 사항과 까다로운 요구 사항들이었다. 힘든 요구 사항을 만족시키기 위해 고민하고 노력하다 보니, 어느새 이전보다 성장한 나를 만날 수 있었다.

서정주의 시 〈자화상〉에는 이런 시구가 있다.
"스물세 해 동안 나를 키운 건 팔 할이 바람이다."

나를 프로로 성장시킨 것은 구 할이 고객의 불만과 요구 사항이었다.

회사를 벗어나도
일의 노예가 되는 이유

● **김 과장의 충격 고백**
"나는 노예*였다."

회사에서 벗어나면 자유롭게 일할 수 있을 줄 알았다. 나의 시간을 스스로 계획하고, 스스로 관리해서 자유롭게 쓸 수 있을 줄 알았다. 일을 마치고 나면 아이들과 자전거도 타고 아내와 공원도 자유롭게 산책할 것을 꿈꿨었다. 그런데 이건 오히려 퇴근이 없다.

아침 일찍부터 와 있는 팀장의 메신저는 아직도 일 모드가 아니냐고 은근히 꾸짖는 것 같다. 사무실에 가지 않고 비대면으로 일을 한 뒤부터 메일의 양이 두 배로 늘어났고, 동료들과 서로 메일을 주고받긴 하지만 일은 생각처럼 잘 진행되지 않는다. 다급한 마음에 전화도 걸어보지만 아무것도 확인되는 것이 없다.

---

* **노예(奴隷)** 남에게 자유를 빼앗겨 부림을 받는 개인이나 계층

그렇게 하루가 다 흘러가고, 영혼까지 탈탈 털렸지만, 아직도 일은 끝이 보이지 않는다. 설상가상으로 팀장은 다른 일을 산더미처럼 메일로 보내놓고는 유유히 사라졌다.

회사에서 벗어났지만, 오히려 우리의 자유는 줄어들었고 그 속에서 한층 더 노예처럼 살고 있는 기분이 든다. 중요한 것은 이렇게 자신의 일을 통제할 수 없는 상황 속에서 '자율감'이 떨어지게 되면 자존감은 바닥으로 내려앉게 된다. 그리고 낮아진 자존감은 형편없는 수준의 업무로 연결될 가능성이 크다.

그러면 우리의 자율감을 위협하고, 우리를 업무의 노예가 되게 만드는 이유는 뭘까? 바로 다음 세 가지의 족쇄 때문이다.

족쇄 1. 일을 계획하지 않아서

누구나 할 것 같지만, 실제로 업무 현장에서 계획을 잘 세워서 일을 진행하는 사람은 별로 없다. "나는 안 그런데요?"라고 말한다면 자신의 업무 다이어리를 펼쳐보자.

- 이번 주에 해야 할 일이 일자별로 정리되어 있는가?
- 필요한 업무를 위해 비교적 긴 시간을 따로 떼어 놓았는가?
- 오전에 무엇을 했는가?

이 질문에 답을 하지 못한다면, 당신은 업무 계획 없이 일하는 사람일 확률이 높다. 아니면 계획은 있지만 형식적으로 세워져 있을 가능성이 크다. 피터 드러커는 "스스로 인생 계획을 세우지 않으면 다른 사람의 계획으로 살게 될 것이다"라고 말했다.

스스로 계획이 없다면, 다른 사람의 계획에 따라 일하게 된다.

족쇄 2. 목줄 업무가 남아 있어서

아이젠하워 매트릭스라는 것이 있다. 시간 관리와 관련된 것으로 많이들 알고 있지만, 그 이름이 아이젠하워 매트릭스라는 것을 아는 사람은 별로 없다. 아이젠하워 매트릭스의 기본은 업무의 내용을 중요한 정도와 긴급한 정도로 구분해서 정리하는 것이다.

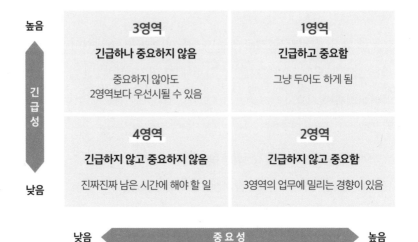

누구나 알다시피 업무 처리에서 1영역(긴급하고 중요함)을 가장 우선시해야 한다. 왜냐하면 업무에서 1영역이 있다는 것은 언제든지 고객(상사)이 나를 찾을 수 있는 이유가 되기 때문이다. 중요한 일, 게다가 급하기까지 한 일을 마치지 않고 있는 상태에서 나의 자율성을 주장하는 것은 말도 안 되는 얘기다.

1영역의 업무가 과도하게 많거나 마치지 못한 1영역의 업무 목록이 많다면 우리는 목줄에서 자유로워질 수 없다. 따라서 업무에서 자유로워지고 싶다면 스스로 업무의 순서를 효율적으로 관리할 수 있어야 한다. 그리고 1영역의 업무를 줄일 수 있어야 한다.

족쇄 3. 리스크(Risk)를 고려하지 못했기 때문에

업무 환경은 끊임없이 변화한다. 나 혼자서 하는 일이 아니라, 나의 일과 관련된 다른 사람들 그리고 타 부서의 이해관계자들이 있기 때문에 그 변화는 더욱 크다. 이런 변화 속에서 나의 계획과는 다른 일들이 발생한다.

리스크라고 하는 것은 실제로 발생한 일은 아니지만, 발생할 경우 나의 업무에 영향을 미치는 요소들을 말한다. 이런 리스크를 대비하지 않으면 예기치 않게 벌어진 일을 수습하느라 항상 시간에 쫓겨 다닌다.

그렇다면 이런 리스크는 어떻게 대처해야 할까? 나의 처음 계획대로 일이 진행되라고 고사라도 지내야 할까?

가장 중요한 첫 단계는 잠시라도 시간을 내서 관련자가 누구이고, 관련 부서가 어디인지 확인할 필요가 있다. 그런 후 관련자와 관련 부서들의 니즈가 어떤 것인지만 파악해도 업무 리스크를 줄일 수 있다. 확인도 하지 않고 왜 진작 얘기하지 않았느냐고 말하는 것은 무의미한 불평이다.

자유롭게 선택할 수 있는 여지가 있어야 숨이 턱턱 막히는 업무 상황에서 버텨나갈 수 있다. 업무의 노예가 되지 않으려면 먼저 나의 족쇄를 풀어야 한다. 최소한 스스로 족쇄를 채우는 일은 피해야 한다.

나를 노예로 만드는 것들로부터 해방되어야 자유가 생긴다.
자유인의 시간은 노예의 시간과 다르다.

개인 생존 부등식과
'나'

● 김 과장의 충격 고백
"회사는 나를 쪽쪽 빨아먹었다."

"일 그까짓 거 대충하면 되지, 뭘 그렇게 신경을 써?"

"네가 사장이야? 왜 그렇게 열심히 해? 지금 열심히 일하는 너의 미래
가 나야 나!"

"그렇게 회사에 쪽쪽 빨리면 남는 거 하나 없다~."

 직장에서 열심히 일하려고 마음을 먹으면 인생 다 산 것 같은 얼굴로
우리에게 충고하는 목소리들이 있다. 인생의 큰 지혜인 것처럼 한마디 던
지고는, 커피 한잔 마시기 위해 자신의 자리에서 흔적도 없이 사라진다.
실제로 업무 현장에는 이런 모습으로 일하는 직장인들을 흔하게 볼 수 있
다. 그리고 이런 인식은 한 설문조사에도 여실하게 드러났다.

 '직장에서 능력 발휘'에 대한 주제로 조사한 결과, 56.4%가 '능력을 다

발휘하는 것은 손해'라고 답했다.

이렇게 응답한 사람들을 직급별로 살펴보면 대리급이 67.7%로 가장 많았고, 과장급(59.5%), 사원급(52.5%), 부장급(45.7%), 임원급(31.6%) 순이었다.

그 이유는 무엇일까? '적절한 보상이 이뤄지지 않는다'는 응답이 약 80%, '하면 할수록 일이 많아져서'라는 응답이 70%를 차지했다. 이외에도 '열심히 일한다고 승진하는 것은 아니라서'가 약 50%, '기존 업무도 과다해서'가 약 30%였다.

실제로 이러한 응답들은 우리의 일터에 자리 잡고 있는 안타까운 현실과 모순을 보여주는 하나의 모습이기도 하다. 하지만 그 이면에는 우리가 놓치고 있는 또 하나의 진실이 숨어 있다.

기업 생존 부등식

기업 생존 부등식이라는 것이 있다. 기업이 망하지 않으려면 다음 두 가지 부등식 조건을 만족시켜야 한다는 것이다.

1) 가격은 원가보다 커야 한다. 이것은 기업의 생산 조건이 된다. 생산한 원가보다 가격이 낮다면 팔수록 손해가 발생한다.
2) 고객이 제품이나 서비스를 통해 느끼는 가치가 가격보다 높아야 한다. 이것은 고객의 구매 조건이 된다.

기업 생존 부등식

가치 (Value) — 고객
가격 (Price) — 시장
원가 (Cost) — 생산자

소비자의 구매 조건
기업의 생산 조건

　　가격과 원가의 차이가 크면 클수록 그 기업은 많은 이윤을 남길 수 있다. 우리가 업무 현장에서 원가를 줄이기 위해 열심히 노력하는 것은 이런 측면과 연결되어 있다.

　　또한 가치와 가격의 차이가 크면 클수록 그 혜택은 고객에게 돌아간다. 이 부등식이 성립된다면 기업, 소비자 모두 win-win(윈-윈)의 관계가 성립된다. 결국 이 부등식에 참여한 모든 주체는 행복해진다.

개인(나 주식회사) 생존 부등식

이러한 원리를 개인의 입장에서 살펴보자. 우리는 좋은 회사에 다니건 공무원이건 개인 사업자이건 누구나 '나 주식회사(I company)'의 주인이다.

'나 주식회사'가 망하지 않아야 하는 것은 굳이 말하지 않아도 중요하다. 특히 한 집안의 가장이라면 이런 책임감은 더욱 크게 다가온다.

그렇다면 망하지 않는 '나 주식회사'의 조건은 무엇일까?

앞에서 봤던 기업 생존 부등식과 같은 맥락으로 생각할 수 있다.

우선 가격이 원가보다 커야 한다. 즉 내가 받는 임금(나의 소득)이 원가(생계비)보다 높아야 한다. 이것이 쌓이면 쌓일수록 부가 축적된다. 이는 부 축적의 조건이 된다.

동시에 가치가 가격보다 커야 한다. 나의 업무 가치, 내 일의 가치는 내가 받는 월급보다 높아야 한다. 이것은 나의 고용 조건이 된다.

"나는 받은 만큼만 일해!"

"쥐꼬리만큼 주니까 쥐꼬리만큼만 일하지!"

이런 생각에는 위험성이 내재되어 있다. 항상 나의 가격보다 좀 더 높은 가치를 제공할 수 있어야 경쟁우위에 설 수 있다. 이러한 관점에 대해 전 서울대 경영학과 윤석철 교수는 이렇게 말했다.

"허(虛: 가치와 가격의 차이, 가격과 원가의 차이)를 채우고 싶어 하는 인간의 충동을 욕심이라 부르고, 허를 유지하려는 인간의 노력을 겸허라고 부른다. 그리고 '허'가 없어졌을 때, 즉 <u>더 이상 큰일을 할 수 있는 역량이 다 소진되었을 때 승진을 멈추게 된다</u>."

보다 성장하고 큰일을 하고 싶다면, '허'가 있어야 한다. 기업 생존 부등식에서 소비자와 기업에 '허'가 있어야 win-win 관계가 성립했던 것처럼 '나 주식회사'도 '허'가 있어야 나를 고용한 기업과 나 사이의 win-win 관계가 성립된다.

특히 우리는 "허가 없어졌을 때, 더 이상 큰일을 할 수 있는 역량이 다 소진되었을 때 승진을 멈춘다"라는 문장에 주목할 필요가 있다. 일반적인 상황이라면 승진의 최종 위치, 나의 마지막 몸값은 내가 쌓아둔 '큰일을 할 수 있는 역량'에 수렴한다는 것이다. 즉 어떤 일을 하기 위한 잠재력이 얼마나 되는지, 또 그 잠재력을 끌어내기 위해 얼마나 노력하는지가 승진을 결정한다. 왜냐하면 승진이란 아직 오지 않은 미래의 일(보통 더 많은 역량이 필요한 일)을 시키기 위해 과거의 성과와 역량을 미루어 평가하여 더 많은 권한과 책임을 주는 제도이기 때문이다.

이렇게 볼 때 나의 몸값을 올리는 것은 몹시, 매우, 굉장히 중요한 일이다. 하지만 이에 못지않게 중요한 것은 '나의 몸값이 오르고 있을 때 내가 발휘할 수 있는 가치는 얼마나 되는가?'를 스스로 질문해보는 것이다. 성장은 항상 올바른 자기 인식에서 시작된다.

"나는 과장으로서 대리와 어떤 차이를 보이고 있는가?"
"나는 팀장으로서 팀원과 어떤 차별화된 업무 가치를 보이고 있는가?"
"현재의 나는 작년의 나와 업무 능력에서 어떤 차이를 만들고 있는가?"

이 질문에 대해 답하기 어렵다면, 또는 이 질문에 단지 "이 회사에 오래 다녔다", "나이가 많다"라는 말만 읊조린다면 생존 부등식의 관점에서 볼 때 '위기 상태'라고 말할 수 있다.

회사가 자신을 쪽쪽 빨아먹는다고 생각하는 사람은 그 가치와 가격의 차이를 만들어가지 못하는 사람이다. 반면 망하지 않는 'I company(아이 컴퍼니, 나 주식회사)'의 주인은 회사의 경험, 회사의 강점, 회사의 노하우를 쪽쪽 빨아들이며 자신의 가치를 점점 높여가는 사람이다. '같은 월급을 받고, 능력을 다 발휘하는 것은 손해다'라는 말은 얼핏 들으면 맞는 말 같다. 그러나 나의 능력을 모두 발휘해서 더 큰 능력을 쌓아갈 수 있는 소중한 기회를 놓치는 것은 더 큰 손해다. 나의 'I company'가 성장할 자산을 축적할 수 없기 때문이다.

프로 일잘러의
성장법

● **김 과장의 충격 선언**
"이제는 내가 회사를 쪽쪽 빨아먹겠어!"

업무 현장에서 스스로의 가치를 높여가는 것은 중요하다. 앞에서 살펴본 생존 부등식의 관점에서 내 가치의 최종 포인트가 내 승진의 최종 포인트라는 것을 기억한다면, 우리는 가치를 높여가기 위한 방법을 고민해야 한다.

실제로 한 설문조사에 의하면 직장인 5명 중 2명, 약 40%는 공부하는 직장인, 즉 '셀러던트'라고 한다. 또한 지금 현재는 공부를 하고 있지 않지만 공부할 계획을 가지고 있는 직장인도 54%였다. 이를 합하면 70% 이상의 직장인들이 자기계발을 해야 한다는 생각을 가지고 있다는 얘기다.

하지만 성장의 기회를 직장 밖에서 찾는 것보다 직장에서 할 수 있는 가장 확실하고도 효과적인 방법이 있다. 이에 대해서는 피터 드러커와 함께 현대 경영의 창시자라고 불리는 톰 피터스의 얘기를 들어볼 필요가 있다.

톰 피터스의 프로젝트

톰 피터스는 20세기 3대 경영서 중 하나로 선정된《초우량 기업의 조건》이라는 책으로 잘 알려진 베스트셀러 작가이다. 그가 여러 책에서 강조한 키워드 중 하나는 'Me. Incorporate(미 인코퍼레이트, 나 주식회사)'이다. 이는 앞에서 언급한 'I company'와 같은 개념이다.

여기서 톰 피터스가 핵심 전략으로 내세운 것이 '개인은 브랜드 유 (Brand you), 업무는 프로젝트'라는 것이다. '개인은 브랜드 유'라는 말은 '나'라는 브랜드를 만들어야 한다는 것이다. 그는 이 전략에 대해 다음과 같이 말했다.

"우리 모두는 'Me. Incorporate'의 CEO다. 비즈니스 세계에서 가장 중요한 일은 당신이라 불리는 브랜드에서 최고의 마케터가 되는 것이다" 라는 그의 말에서 그 전략을 엿볼 수 있다.

"중국 시장, 그건 영업팀 김 과장이 제일 잘 알아."
"SNS 마케팅, 그건 박 차장한테 물어봐!"

이렇게 자신의 브랜드를 만들어야 한다는 것이다.

톰 피터스가 강조하는 또 다른 전략은 '업무는 프로젝트다'이다.

그는 모든 일을 프로젝트와 같이 대하고, 프로젝트화하라고 말한다. 고객을 깜짝 놀라게 할 수 있는 완벽한 결과를 내라고 말한다. 그는 업무를 프로젝트로 할 때와 그냥 어쩔 수 없이 하는 일로 할 때의 차이를 다음과 같이 비교했다.

WOW 프로젝트	보통 업무
뛰어난 공연	일
열정	시간 때우기
와우!	웩!
충만하게 한다	무기력하게 한다
생생하다	그저 그렇다
성장한 느낌	**하루 늙었다**

일을 프로젝트로 하면 열정이 생긴다. 반면 어쩔 수 없는 일로 하면 시간을 때우기 위해 하는 일처럼 된다. 일을 프로젝트로 하면 '성장하는 느낌'을 받지만, 일을 그냥 일로 하면 '하루 늙었다'는 느낌이 가슴에 가득하게 된다.

회사 생활을 하는 동안 당신은 성장했는가, 아니면 그만큼 늙기만 했는가?

일잘러는 일을 통해 성장한다

스스로 가치를 높여야 한다는 점에 동의한다면, 우리는 일상의 업무를 통해서 성장을 도모해야 한다. 이를 위해 매일 업무 현장에서 접해야 하는 일을 남들과 차별화된 방식으로 대하고, 일에서 성장의 자산을 빨아들여야 한다. 그래야 일을 하고 난 후 '오늘 하루도 성장했다'는 뿌듯함으로 하루를 마무리할 수 있다.

일잘러는 톰 피터스가 말한 업무의 프로젝트화를 자신의 업무에 접목할 수 있는 사람이다. 꼭 큰일을 맡아야만 이러한 원칙이 적용되는 것이 아니다. 우리가 일상적으로 하는 보통의 일에도 이러한 프로젝트의 원리를 적용하면 일의 품질도 좋아지고 보다 크게 성장할 수 있다.

초급 관리자로서 맡게 되는 비교적 작은 업무는 이러한 일잘러의 방식, 즉 업무의 프로젝트화를 접목하기에 좋은 기회가 된다. 일을 실패해도 크게 티가 나지 않고, 한소리 듣고 마는 정도의 일들이 많기 때문이다. 그러나 성공하면 일의 경험이 모두 자신만의 고유한 업무 역량으로 쌓이게 된다. 또한 기존에 있던 회사의 경험과 합쳐져서 엄청난 자산의 확장으로 이어지게 된다.

초급 관리자로서 이러한 차이를 만들어내는 것은 다음에 언급할 '마태효과'라는 측면에서 더욱 중요하게 이해될 수 있다.

마태 효과: 성장은 점점 더 빨라진다

마태 효과라는 말은 성경의 마태복음에서 유래된 원리로 '부유한 사람은 점점 더 부유해지고, 가난한 사람은 점점 더 가난해지는 것'을 의미한다. 흔히 말하는 부익부 빈익빈이다.

이것을 업무에 접목해보면 굉장히 흥미로운 사실을 발견하게 된다. 기회를 많이 얻는 사람이 일을 더 잘하게 된다. 그리고 일을 잘하게 되면 또 다른 기회를 얻게 될 가능성이 크다.

우리가 성장을 고민해야 하는 이유, 직장에서 지금 하고 있는 일을 잘해야 하는 이유는 이것이 상호 순환의 과정을 통해 나의 성장을 더욱 증폭시키기 때문이다.

직장에서 성장하기 위해 중요한 것은 자신을 성장시켜줄 일을 보는 관점이다. 물론 대부분의 직장인은 어려운 일을 하기 싫어한다. 되도록 일은 적게 하고, 돈은 많이 받고 싶은 효율성을 추구한다. 이것은 고용주 입장에서도 마찬가지다. 때문에 멀리서 보면 서로의 효율성을 위해 머리를 굴리고 있는 웃지 못할 모습이다.

우리는 본능적으로 내재된 경제 논리에 맞춰 효율성을 추구한다는 생각으로 일을 적게 하고 싶어 하지만, 이것은 '투자'라는 개념을 간과한 것이다. 미래의 발전은 투자에 의해 결정된다. 따라서 개인 생존 부등식을 생각할 때 일에 대한 개념을 단순히 돈을 벌기 위한 행위로 보기보다는 자신의 정체성을 형성하고 성장을 위한 '투자'라고 생각해야 한다. 또한 직장은 단지 돈을 벌기 위한 장소가 아닌 미래 성장을 위한 '배움터'라고 생각해야 한다.

다음의 매트릭스를 보면서 위에서 말한 공식이 가능한지 확인해보자.

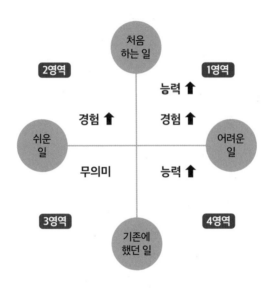

우리가 좋아하는 일은 어려운 일인가, 쉬운 일인가? 당연히 쉬운 일이다. 해본 일인가, 새로운 일인가? 당연히 해본 일이다. 편하고 고민하지 않아도 되기 때문이다.

이렇게 매트릭스상에 4가지 영역의 업무가 있다. 우리는 흔히 3영역의 일을 땡 보직이라고 한다. 전문용어로 '꿀 빠는 자리'라고 한다. 반면 1영역의 업무를 똥 밟았다고 한다. 그러나 마태 효과를 통해 보면 다른 해석능하다. 3영역의 일은 나의 업무 능력에 아무런 의미가 없다. 나는 이 일을 하고 있는 동안 계속 늙어가는 것이다. 반면, 1영역의 일은 나의 업무 가치를 높여주는 경험이자 학습이 된다. 관점을 달리해서 본다면, 또 프로젝트화해서 처리할 수 있다면 이 일은 나의 가치를 높이고 성장시켜주는 과정이 될 수 있다. 더 중요한 것은 쉬운 일, 기존에 했던 일은 아무리 잘해도 티가 나지 않는다는 것이다. 하지만 못하면 완전히 바보 취급을 받게 될 수도 있다. 반면, 어렵고 처음 하는 일은 웬만큼만 해내도 칭찬을 받을 수 있다. 또한 어느 정도만 해도 그 분야와 관련된 기회를 독점해서 받게 된다.

그렇다면 처음 하는 일, 어려운 일을 처리해낼 수 있는 능력이 필요하다. 이 기술을 익힐 수 있다면, 당신은 회사의 경험과 자산을 쪽쪽 빨아서 자신의 가치를 높일 수 있다.

언택트 시대,
프로 일잘러의 업무 공식:
S.T.A.R Power

● **일못러 김 과장의 최애(最愛) 문장**
"그냥 해!"

일못러의 핵심 업무 방식이 있다.

지시를 받을 때에도 그냥 받고, 그냥 업무를 시작한다.

진행도 그냥 한다.

보고도 그냥 한다.

그래서 업무도 그냥 배분하고, 사고가 생기면 그냥 수습하고, 일이 진전이 되지 않아도 그냥 놔둔다.

'그냥'의 업무 방식은 톰 피터스가 언급했던 업무의 프로젝트화와는 안드로메다만큼이나 차이가 있는 얘기다. 일잘러의 업무 방식은 무엇 하나 '그냥'이 없다. 고수는 의미 없는 행위를 하지 않는다.

그렇다면 프로 일잘러의 업무 키워드를 뽑아내기 위해 톰 피터스가 말한 '프로젝트'라는 단어를 좀 더 깊게 이해해보자.

'프로젝트'에서 뽑아내는 일 잘하는 법

• 프로젝트(Project)는 일정한 기간 안에 일정한 목적을 달성하기 위해 수행하는 업무의 묶음을 말한다. 하나의 프로젝트는 정해진 기간, 배정된 금액, 투입 인력 등 일정한 제약 조건하에서 각종 요구 사항 (Requirement)을 수행하는 방식으로 진행된다(출처: 위키 백과사전).

• 특정한 결과물(제품, 서비스, 소산물)을 창조하기 위해 실시하는 유기적 (기한이 명확한)인 업무(출처: 프로젝트 매니지먼트, 하버드경영대학원)

위의 두 정의에는 공통된 요소가 있다.

첫째, 목적에 맞는 결과물이 있다는 점이다. 특정한 결과물, 일정한 목적에서 유추할 수 있는 바와 같이 지시의 주체/관련자의 의도에 충실한, 만족할 만한 결과를 내야 한다.

둘째, 일정한 기간이 있다는 점이다. 즉 일의 마감 시한이 정해져 있으므로, 일의 진행과 결과물의 수준을 관리, 통제해야 한다. 상사나 고객이 "어디까지 진행되고 있나요?" 또는 "언제 끝나요?"라고 묻는다면 바로 대답할 수 있어야 한다.

셋째, 일정한 제약 조건하에서 일을 하지만, 창조적으로 일을 한다는 것이다. 같은 일을 하더라도, 똑같은 일을 동일한 방식으로 해서는 안 된다. 변수와 위험 요소를 통제해서 다른 방식, 다른 성과물을 낼 수 있어야 한다.

따라서 프로젝트처럼 일을 추진해나간다면, 일을 잘할 수밖에 없다. 상사나 고객이 원하는 결과물을 그들이 원하는 시점까지 완벽하게 제공할 수 있기 때문이다.

이를 위한 업무의 모습은 다음의 몇 가지 변화로 나타나게 된다.

- **핵심 목표에 집중할 수 있다**: 업무의 우선순위를 정해서, 상대적으로 덜 중요한 업무는 지양하고 핵심 업무에 자원을 집중할 수 있다.

- **업무의 진도가 명확해진다**: 각 단계별 기간을 정확히 예측할 수 있게 된다. 그리고 "언제 끝나? 어디까지 되었어?"라는 상사의 질문에 당당하게 대답할 수 있다.

- **변화가 생겨도 대응할 수 있다**: 사전에 리스크 요소를 염두에 두고 일을 진행하므로, 갑작스러운 일이 발생해도 능동적으로 대처할 수 있다.

- **비용을 절감할 수 있다**: 불필요한 업무를 최소화하고, 제한된 예산 내

에서 업무를 진행할 수 있다. 또한 시간을 단축할 수 있다. 한마디로 삽질을 줄일 수 있다.

언택트 시대, 프로 일잘러의 업무 공식

이렇게 프로젝트를 업무에 접목시키려면, 바로 적용해야 할 몇 가지 업무 공식이 필요하다. 목적에 맞는 결과물을 만들기 위한 S 공식, 제한된 기간 내에 일을 추진하기 위한 T 공식과 A 공식, 제약 조건 내에서 일을 추진하기 위한 R 공식이다. 이러한 공식에 따라 일을 하는 것은 대면 업무 상황에서도 중요하지만, 업무 진행 상황을 즉각적으로 확인하는데 제약이 있는 비대면 상황에서 더욱 더 강력한 힘을 발휘한다. 즉 S.T.A.R 공식은 대면과 비대면 상황 모두에서 확실한 성과를 낼 수 있는 리얼 프로들의 일하는 방식이다.

· S 공식: Sense of Direction(방향감각)

업무의 방향을 알고 시작하는 것이다. 고객이 누구인지 명확히 알고, 업무 범위를 반드시 확인하고, 업무의 결과물을 우선 확정한 후 일을 진행한다. 또한 동시에 일을 진행하면서 고객과 결과물을 협의하고 방향을 계속 맞춰간다. 방향을 확실히 안다면, 팀원들에게도 명확한 지시를 할 수 있게 된다.

- **T 공식: Task Management(태스크 관리)**

업무를 계획하고, 업무를 진행하는 능력이 향상된다. 큰일들을 큰일로 두지 않고 업무를 세부적으로 쪼갤 줄 알게 된다. 그리고 이러한 업무를 담당자들에게 명확하게 지시할 수 있게 되고, 그에 맞는 자원들을 합리적으로 배분할 수 있게 된다. 만일 업무가 수렁에 빠지게 되어도 그 수렁을 통제할 능력이 생긴다. 따라서 큰 업무에 대한 두려움이 사라진다.

- **A 공식: Adjust Priority(우선순위 조정)**

우선순위를 확실하게 정할 수 있다. 업무 사이의 관계를 명확하게 인식하고, 선행이나 후행 또는 병행되어야 하는 일로 분리해 진행할 수 있다. 일의 병목 구간을 사전에 확인하고 통제할 수 있기 때문에 업무의 진행이 빨라진다. 또한 급변하는 상황에서도 업무 순서대로 확실하게 처리할 수 있다. 그리고 업무를 오늘의 일과에 명확하게 연결할 수 있다.

- **R 공식: Risk Management & Reporting & Research**
  (리스크 관리와 상사 커뮤니케이션)

모든 것이 예상대로 되고 있을 때에는 실력이 드러나지 않는다. 환란 가운데서 영웅이 나타나듯이, 예상을 벗어난 상황이나 계획대로 되지 않는 상황에서 진짜 실력이 빛을 발한다. 일잘러는 리스크에 대처하는 나름의 방식이 있다. 또한 이러한 모든 상황에서 고객, 관련 부서와 소통을 통해 문제를 해결하는 능력이 있다.

얼핏 보면 이 모든 일이 복잡해 보이지만, 실제로 이 모든 일은 다음에 제시된 A4 용지 한 장으로 정리할 수 있다. 즉 일을 그냥 하는 일못러와 완벽하게 만들어가는 일잘러의 운명을 결정짓는 것은 A4 한 장에 생각을 담아낼 수 있는가에 달려 있다고 해도 과언이 아니다.

다음의 프로처럼 일할 수 있게 해주는 PAD, 바로 프로패드가 일잘러를 만든다.

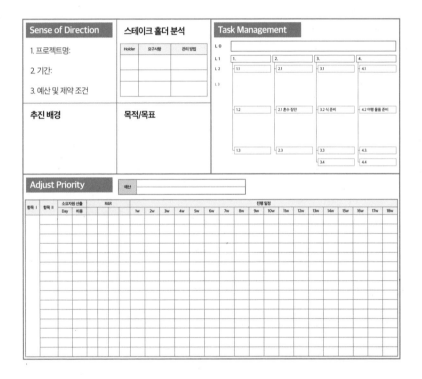

특히 이러한 각각의 공식은 언택트 업무 환경에서 보다 큰 의미를 지닐 수 있다. 프롤로그에서 언급한 바와 같이 언택트 업무 환경에서는 세

가지 장벽이 내재되어 있다. 상사와 부하직원이 서로의 업무에 대해 감을 잡기 어려운 '감'의 장벽, 업무의 결과를 적극적으로 보여주지 않으면 알 수 없는 '인지'의 장벽, 새로운 업무의 방식을 익혀야 하는 '적응'의 장벽이 다. 세 가지 장벽에 대해 프로 일잘러의 업무 공식은 나름의 답을 제공하고 있다.

S 공식을 완벽하게 이해하고 적용할 수 있다면 우리는 '감'의 장벽을 쉽게 뛰어넘을 수 있다. T 공식과 A 공식을 완벽하게 적용할 수 있다면 우리는 상사에게 일의 과정을 명확하게 공유할 수 있다. R 공식의 보고 스킬은 상사에게 결과물을 효과적으로 설명할 수 있는 능력을 부여해준다. 이를 통해 '인지'의 장벽을 뛰어넘을 수 있다.

또 다른 R 공식인 Research를 접목하고 숙달할 수 있다면, 그래서 정보를 빠르게 습득하고 새로운 방식에 열린 자세로 접근할 수 있다면 '적응'의 장벽을 뛰어 넘을 수 있다.

이러한 일잘러의 공식을 사례에 적용해보고, 연습해보자.

이를 위해 두 가지의 사례를 준비했다. 먼저, <나명석 대리의 결혼 준비>라는 가벼운 주제를 통해 우리가 배운 원리가 어떻게 업무에 접목되는지 살펴보자.

> **》 사례 1. 나명석 대리의 결혼 준비**
>
> 나명석 대리는 꿈에 그리던 여자 친구를 만났고 결혼하기로 마음먹었다. 프로 일잘러의 업무 스킬을 활용하여 완벽하고 행복한 결혼식을 준비한다.

또 다른 사례는 일반적인 회사의 업무다. 상사가 주는 큰일들을 어떻게 해결해가는지, 일잘러의 방식을 깊이 있게 살펴보고 자신의 업무 방식과 비교해보자.

》 사례 2. 김성장 프로의 업무 추진

김성장 프로가 다니는 ㈜행복사 김 사장은 직원들의 비만율이 높아지고 있다는 점을 주목하고 있다. 앉아서 장시간 근무하는 연구직이 많은 행복사의 특성상 슬림(Slim)한 체형의 직원들이 입사해도 입사 3년만 지나면 비만이 되는 경향이 있었다. 더 우려가 되는 점은 동종 업계 평균보다 비만 현상이 심하다는 것이다.

이런 비만 문제는 직원들의 건강 문제로 연결되는 경우가 많고, 회사의 분위기를 너무 무겁게 하는 경향이 있었다. 또한 업무 특성상 실제 성과는 입사 4년 이후부터 나오는데 직원들이 건강 문제로 휴직/퇴사가 많아지는 것은 바람직하지 않다고 판단되었다. 이에 김 사장은 전 직원 다이어트를 추진하기로 마음먹었다. 그리고 일을 확실하게 잘하는 김성장 프로에게 이 일을 시킬 생각이다.

이 내용들은 모든 장의 마지막 부분에서 다룰 예정이다. 두 가지 사례를 통해 각 장의 내용이 일잘러의 업무 방식에 연결되는 것을 이해할 수 있을 것이다.

2장

Sense of Direction: 방향감각

목적지를 알고 뛰는 프로 일잘러의 방향감각

삽질의 비극은 무작정 열심히 팠다는 데 있다.
엉뚱한 곳을….

그럴 경우, 우리가 열심히 팠던 모든 시간과 노력은 물거품이 된다.
더 안타까운 것은 열심히 팠던 것을 다시 메워야 하는 일도 생긴다는 데 있다.

"나를 따르라"고 해서 열심히 따라 갔더니 "여기가 아닌가 보다~."
다시 또 "나를 따르라"고 해서 인내심을 갖고 열심히 따라갔더니 "어제 거긴가
보다"라는 비극적 상황은 우리 일터에서도 비일비재하게 발생한다.

관리자가 이런 모습을 빈번하게 보일 경우, 부하직원들은 더 이상 열심히 일하
지 않는다. 열심히 해봐야 헛수고일 가능성이 크고, 오히려 쓸데없는 잡일만 생
기기 때문이다. 따라서 직급이 올라갈수록 방향을 잘 잡고 일을 진행하는 것이
중요하다.

《울트라 러닝》의 저자 스콧 영은 짧은 시간에 놀라운 학습 성취를 이뤄내는
울트라 러너들은 공부의 첫 단계로 공부 자체를 넘어서 공부를 바라보는 메
타 학습을 한다고 말한다. 이 공부를 '왜 하는지, 무엇을 할 것인지, 어떻게 할
것인지'를 먼저 생각하고 공부를 한다는 것이다. 즉 시간을 아끼겠다고 공부에
바로 몰입하는 것이 아니라, 제3의 눈으로 공부를 바라보는 단계가 우선적으
로 필요하다.

마찬가지로 일을 받자마자 무작정 일에 달려드는 것이 아니라, 일의 시작점에
서 좀 더 넓은 시야를 갖고 일을 조망해야 한다. 이를 위해서는 일을 명확하게
인식하고, 요구 사항들을 분석하는 것, 다시 말해 일을 메타인지의 관점에서 바
라보는 것이 중요하다. 더 높은 관점에서 일을 바라보기에 더 체계적으로 일에
접근해갈 수 있다.

명확하게 방향을 정하고 어떻게 일을 추진할 것인가, 어떤 방향으로 부하직원
들에게 일을 나눠줄 것인가를 고민하는 것! 이것이 일잘러의 첫걸음이다.

방향성에 실패하는 '길치'의 비극

● 김 과장의 충격 고백
"박 대리, 미안해. 팀장님이 이거 아니래.
박 대리가 야근까지 하면서 자료 만들어줬는데….."

박 대리가 메일로 보내준 자료를 취합해서 완성한 보고서를 회사 인트라넷 결재 시스템에 상신한 시간은 밤 12시를 조금 넘긴 시간이었다. 열심히 작성해서 보고했으니 이번에는 팀장님의 오케이 사인이 떨어지겠지….

(다음 날) 그런데 왜 팀장님이 일대일로 화상 회의를 하자는 걸까?

화상 회의를 연결하자마자 팀장님은 한숨과 함께 하소연인지 꾸중인지 모를 말을 쏟아낸다.

"내가 시킨 건 이게 아니잖아. 도대체 몇 번을 검토하게 하는 거야?"

도대체 이게 몇 번째인가?

더 민망한 것은 후배 직원들을 볼 낯이 없다는 것이다. 사장님께 보고할 프로젝트라서 후배들과 함께 내용을 준비하고 있는데, 이 업무 하나 가지고 후배들에게 몇 번이나 일을 다시 시키는지 모르겠다.

업무 현장에서 중간관리자가 방향을 제대로 잡지 못하고 있으면 이렇게 모든 사람이 힘들어진다. 후배 직원들은 매번 내려오는 양식을 맨땅에 헤딩하는 마음으로 작성하게 된다. 처음이야 좋아하는 선배가 시키는 일이니 기쁜 마음으로 해줄 수 있겠지만, 이렇게 무의미하게 업무가 반복되면 일부러 늦게 대충 작성하게 된다. 어차피 다시 해야 되는 일이니까.

상사도 답답하기 마련이다. 말할 때는 알아듣는 것 같더니 한참 뒤에 '이것은 무엇에 쓰는 물건인고'를 되묻게 하는 결과물을 가져온다. 다시 설명을 해도 별다른 질문 없이 있다가 고생하는 티만 팍팍 내면서 형편없는 결과물을 가져온다. '내가 직접 해야 하나'라는 생각도 들지만 팀장인 자신이 직접 하나부터 다 챙기려니 막막하다.

이러한 상황에서 가장 큰 타격을 받는 사람은 일을 맡아 진행하고 있는 우리의 김 과장이다. 일은 제일 열심히 하고, 시간도 들일 만큼 들이지만 결과물은 형편없다. 더 안타까운 것은 상사와 후배 직원 모두에게 욕을 먹고 있다는 사실이다.

방향을 모르는 '길치'가 운전을 하면 차에 타고 있는 모두가 고생을 한다. 그리고 운전자는 수고했다는 말 한마디 듣지 못하고, 운전을 왜 이따위로 하느냐며 모두에게 원망만 듣게 된다.

무조건 '실행' 전에 방향부터 확인하자

일잘러의 업무 공식 중 첫 번째는 S 공식(Sense of Direction, 방향감각)이다. 방향을 알아야 뛰는 발걸음에 힘이 생긴다. 방향을 알아야 뒤따르는 이들에게 '이 방향이 맞다'고, '이리로 가면 된다'라고 설명하고 설득하고 일을 시킬 수 있다.

우리가 현장에서 길을 잃는 이유는 바로 이 과정, 즉 'S' 공식을 생략했기 때문이다. 이 단계를 생략하면 업무의 순서가 꼬인다. 그런데도 많은 사람이 그냥 실행만 한다. 특히 이제 막 중간관리자가 된 사람들은 누군가가 시키는 대로 일하는 것에 익숙하기 때문에 이 부분을 건너뛰는 경우가 많다. 위의 과장이나 차장이 시키는 작은 일들을 그냥 실행하고 빨리 가져다주는 게 일을 잘하는 것이었기 때문이다. 그러나 중간관리자로서 일을 시작하게 되면 이 부분의 역량이 매우 중요해진다. 여기서 어떤 방향감각을 가지고 일을 하는가에 따라 일의 결과물이 확연히 달라지게 된다.

일반적으로 한국의 직장인들은 대부분 실행에 강점이 있다. 시키면 열심히 한다. 방향만 알려주면 열심히 한다. 누군가 뛰어가면 열심히 따라간다. 그러나 방향을 못 잡은 상황에서 열심히 뛰는 것은 실행력과 시간의 낭비로 이어진다. 우리의 실행력이, 우리의 열심이 제대로 된 가치로 이어지기 위해서는 업무의 첫 단계인 방향성의 공식을 이해하고 적용해야 한다.

일잘러 프로패드의 1단계: S 공식 영역

현장에서 일의 방향을 잃게 되는 이유는 다음 세 가지 때문이다.

1) 좁은 눈에 기인한다. 일을 넓게 보지 못하고 항상 내 앞에 있는 것만, 내 것만 생각한다. 그러다 보니 매번 다른 사람과 마찰이 생기고 일을 진행하면서 문제가 발생한다.

2) 막힌 귀에 기인한다. 잘 알아듣지를 못한다. 상대의 말을 못 알아듣고, 동시에 핵심을 제대로 파악하지 못한다. 그런데도 되묻지 않고 그냥 알아들은 척한다. 폭탄이 장착되는 순간이다.

3) 일의 목적과 목표, 즉 결과물에 대한 그림이 없기 때문이다. 어떤 결과물을 원하는지, 일을 시키는 사람과 공유해야 제대로 된 성과를 낼 수 있다. 일 잘하는 사람은 먼저 Sense of Direction(방향감각)의 항목을 채워간다. 그런 후 이것을 가지고 일을 시킨 상사와 합의를 한다.

Sense of Direction	스테이크 홀더 분석		
1. 프로젝트명:	Holder	요구사항	관리 방법
2. 기간:			
3. 예산 및 제약 조건			
추진 배경	목적/목표		

방향성을 잡기 위해서는 먼저 프로젝트명, 기간, 예산 및 제약 조건을 적는 것으로 일을 시작하면 된다.

결혼을 준비하는 나명석 대리라면 이렇게 적으면서 결혼 준비를 시작할 수 있다.

- 프로젝트명: 해피 웨딩 프로젝트
- 기간: ○○년 ○○월 ○○일까지(D-○○일)
- 예산 및 제약 조건: 예산 ○○원 이내, 회사 업무에 방해 없이 준비

막힌 귀를 뚫어드립니다!
잘 듣고, 똑똑하게 방향 맞추기

● **김 과장의 불평**
"좀 똑바로 말해야 똑바로 일하죠!"

"김 과장, 중국 시장 관련 조사 좀 해줘!"

일반적으로 상사는 이런 식으로 지시한다. 앞뒤 다 잘라먹고 본인이 말하고 싶은 내용만 전달한다.

고압적인 상사, 또 평상시에 가까이하고 싶지 않았던 상사라면 다시 가서 자세히 묻기도 쉽지 않다. 특히 한국처럼 상사와 부하직원의 권력 거리가 커서 쉽게 접근하기 어려운 문화에서는 자주 찾아가 묻기가 쉽지 않다. 이런 일들이 비대면 업무 상황에서 일어난다면 문제는 보다 심각해진다.

상사가 시키는 이 조사가 왜 필요한지, 어떤 것에 중점을 두고 조사해야 할지, 언제까지 해야 할지 등의 설명을 해주면 원하는 것을 가져다드

릴 텐데, 저렇게 짧고 간단하게 말하고 돌아서면 상사의 말을 해석하는 것만으로도 많은 시간이 소요된다. 특히 사회 초년생들이 이런 상사를 만나게 되면 고통은 이루 말할 수 없다.

그런데 상사의 입장에서도 지시가 짧고 간단한 것은 이해가 되는 측면이 있다. 일단 상사는 부하직원도 당연히 알 것이라고 착각을 한다. 바로 지식의 저주* 때문이다. 상사는 일반적으로 부하직원에 비해 많은 것을 알고 있고, 큰 그림을 갖고 있다. 그 많은 지식과 큰 그림을 당연히 부하직원도 알고 있을 것이라고 생각하기 때문에 지시를 짧고 간단하게 하는 경우가 많다. 회사에서 월급을 받는 사람이라면 당연히 그 정도는 알 것이라고 생각하는 것이다.

상사의 지시가 허술한 또 다른 이유는 상사도 스스로 답이 없는 상태에서 일을 시키는 경우가 많다는 점이다. 만약 임원이 중국 시장에 대해 조사하라고 시켰고, 팀장이 그냥 일을 받고 나온 상황이라면 팀장 역시 어떤 방향으로 일을 할지 모르는 상황에서 김 과장에게 일을 시키고 있는 것이다.

난감하기는 하지만 우리는 이런 상황에서도 일을 해야 한다. 그리고 결과물을 가지고 가야 한다. 그렇다면 어떻게 해야 할까?

---

* **지식의 저주(curse of knowledge)** 어떤 개인이 다른 사람들과 의사소통을 할 때 다른 사람도 이해할 수 있는 배경을 가지고 있다고 자신도 모르게 추측하여 발생하는 인식적 편견

좋은 약은 잘 듣습니다, 일 잘하는 직원도 잘 듣습니다

앞에서 살펴본 상사의 이슈는 일을 진행하면서 우리가 만나는 모든 사람에게도 동일하게 적용된다. 우리의 고객, 타 부서 사람들, 팀 내 동료들과의 소통에서 이런 오류가 발생하면 업무는 산으로 가기 마련이다. 따라서 일잘러의 첫 시작은 잘 듣는 것에서부터 시작된다. 짧은 소통일지라도 그들은 핵심 업무를 명확하게 이해하고, 상대방의 니즈(요구 사항)를 바로 파악해낸다.

그렇다면 어떻게 잘 들을 것인가?

우선 지식의 저주로 인해 상대방의 지시가 항상 모호하게 나오는 경우를 생각해보자. 이런 경우 가장 기본적인 방법은 환언의 습관이다. 상대의 말을 상호 명확한 개념으로 바꾸는 것이다.

"김 과장, 이번에 자료는 양식을 빨리 만들어줘!"라고 타 부서에서 요청이 왔다. 그러면 그에 대해 "네, 이번 주 수요일 오전까지 양식을 본부장님께 확인받아서 보내드리겠습니다"라고 명확한 개념으로 바꾸는 것이다. 이를 통해 '빨리'라는 개념을 상호 합의할 수 있는 정확한 일시로 명시할 수 있다.

이를 좀 더 확장해서 사용할 수 있는 고수의 방식은 '끼워 넣기'다.

상사가 "중국 시장 관련 조사 좀 해줘!"라고 말할 때, "네, 알겠습니다"

라고 말하고 나오면 명확한 것이 아무것도 없다. 이런 경우에는 끼워 넣기의 기술을 활용해서 "예! 최근 중국 시장의 성장세, 주요 경쟁 업체의 현황, 중국 정부의 방향에 대해 정리해서 다음 주 수요일까지 보고서로 작성해서 드리겠습니다"라고 말하는 것이다.

이럴 경우 상사는 "아니, 보고서까지는 필요 없고 자료만 정리해서 구두로 1차 보고해줘!"라고 자신의 생각을 말하게 된다. 이렇게 김 과장은 끼워 넣기 기술을 이용해 상사의 지시를 명확하게 하는 것이다. 즉 '빨리'와 '중국 시장 조사'와 같이 지시자의 입장에서는 당연하고 명확해서 모호하게 표현되는 것들을 환언과 끼워 넣기의 방식을 통해서 쉽게 정리할 수 있다.

상대방이 미처 깊이 생각하지 못했을 때 사용할 수 있는 좋은 방법으로는 질문과 명세화의 방식이 있다. 본인 스스로 깊이 생각하지 못해서 방향성 없이 지시한 경우에는 질문을 받으면 생각을 하게 되어 있다. 질문을 통해 생각의 범위를 좁힐 수 있다. 질문은 지시를 보다 구체화할 수 있는 좋은 기술이다.

그러면 어떻게 질문을 하면 좋을까?

이를 위해 업무를 위한 질문의 프레임 T.O.U.R을 활용해보자. 이 네 가지 질문의 프레임을 갖고 있으면 일의 방향성을 좀 더 명확하게 할 수 있다.

- **T(Time bound):** '언제까지'에 해당하는 부분이다.
- **O(Owner):** '누가 시킨 일'이고, '누구에게까지' 보고되는 것인지에 대한 부분이다.
- **U(Use):** '용도'에 대한 사항이다. 단순한 참조 용도인지, 보고를 위한 용도인지 알아두어야 한다.
- **R(Range):** '범위'에 해당된다. 이번 일은 어느 범위까지 다뤄서 결과물을 만들어야 하는가에 대한 사항이다.

업무는 새로운 경험을 쌓는 여행(T.O.U.R)이라는 점을 생각하면 좀 더 기억하기 쉬울 것이다.

이렇게 머릿속에 일을 확인하는 틀이 있으면 상사가 모호하게 일을 지시하더라도 스스로 명확하게 정리할 수 있게 된다. 만약 비대면 상황에서 일을 한다거나, 중요도가 높은 일이라면 이 부분을 짧게 자료로 정리해서 상사에게 보고하는 것이 좋다. 그러면 상사 역시 더 신중하게 내용을 생각하고 방향을 잡아줄 수 있다. 즉 업무 지시에 대한 상호 명확한 그림을 가져갈 수 있게 된다.

이때 유용한 정리 도구로 현재 우리가 작성하고 있는 프로패드의 1단계 양식을 활용할 수 있다.

● 프로패드의 1단계 ●

Sense of Direction	스테이크 홀더 분석		
1. 프로젝트명:	Holder	요구사항	관리 방법
2. 기간:			
3. 예산 및 제약 조건			
추진 배경	목적/목표		

이 양식을 활용한다면 일의 기간, 목적, 목표, 배경에 대한 생각을 보다 깊이 할 수 있다. 그리고 미처 생각하지 못했던 것을 상사로부터 재확인 받을 수 있다. 또한 내용을 문서화했기 때문에 추후에 상사나 고객이 말을 바꾸는 일을 방지할 수 있는 부차적인 효과도 기대할 수 있다.

일을 잘하는 첫 단계는 '잘 듣는 것'이다. 일잘러가 되려면 주는 대로 받지 말고, 들리는 대로 듣지 말자.

방향을 놓치지 않는
폭넓은 시야를 갖는 법

● **김 과장의 고민**
**"뭐 하나 하려면, 다른 부서가 걸림돌이에요.
항상 자기 부서 입장만 생각해요! 어떻게 하면 될까요?"**

운전을 할 때 운전자의 시야가 좁고, 다른 차의 경적도 듣지 못하고 어디로 가는지 매번 헷갈린다면 운전을 하는 내내 운전자도, 그걸 보고 있는 옆 사람도 고역이다. 뿐만 아니라 그 차의 옆 차선이나 뒤에서 운전하는 사람도 힘들다. 이런 사람과는 엮이지 않고 피하는 게 상책이다.

직장에도 그런 사람이 있다. 아무리 바쁘다고 신호를 보내도 자기 일만 생각한다. 자기 업무만 우선시하고 도대체 남의 입장을 생각하지 않는다. 일은 함께하는데, 항상 자기 일만 바쁘다고 하고, '배려'라는 것을 모른다. 그럼, 나도 똑같이 해주는 수밖에….

반면, 시야가 넓은 사람은 일을 처리할 때 큰소리가 나지 않는다. 다른 부서의 입장을 고민하고, 상황을 사전에 고려해서 일을 처리한다. 나의 입장을 배려해주는 사람에게는 나 역시도 양보할 수 있는 것은 양보하게 된다. 그러면 시야를 넓히기 위한 방법은 무엇일까?

스테이크 홀더: 업무 관련자의 이해

이러한 문제를 해결하기 위해서는 프로젝트 용어인 '스테이크 홀더'라는 말을 이해할 필요가 있다.

> **스테이크 홀더(Stake holder):** 프로젝트 결과물에 이권(관련성)을 갖고 있는 사람들로 프로젝트의 성패를 가늠하는 사람

일이 원활하게 진행되고 성공적으로 평가받으려면 스테이크 홀더들을 움직일 수 있어야 한다. 그리고 이들을 만족시켜야 한다. 대표적으로 생각해볼 수 있는 사람들이 프로젝트 오너(일을 시킨 사람), 프로젝트 팀원과 매니저(일을 실제로 진행하는 관리자와 팀원), 기타 관련자(관련 부서) 등이 있다.

이렇게 다양한 스테이크 홀더를 어떻게 전략적으로 관리할 수 있을까? 그 첫 단계는 이들의 관심도와 영향력을 하나의 틀로 분석하는 것이다.

	낮음 (Power of influence)	높음

높음	**C: Keep informed** (궁금하지 않게, 정기적 보고)	**A: Manage closely** (밀착 관리)
관심도 (Level of interest)		
낮음	**D: Monitor** (최소한의 보고라도 시행, 연결)	**B: Keep satisfied** (요구 사항 충족, 정기적 보고)

관심도와 영향력이 큰 사람(A그룹)들은 밀착 관리가 필요하다. 이들을 만족시키지 못하면 일 자체가 끝나지도 않고 성공하기도 어렵다. 대표적인 사람들이 일을 시킨 사람(프로젝트 오너)이다.

관심도는 높지만 영향력이 작은 사람(C그룹)들은 궁금하지 않게 정기적으로 잘 보고하는 것이 중요하다. 메일을 공유하든지, 또는 정기 회의 때 내용을 잘 전달하는 것이 좋다.

관심도는 낮으나 영향력이 큰 사람(B그룹)들은 그들의 요구 사항이 업무를 진행할 때 잘 반영될 수 있도록 꼼꼼히 챙겨두는 것이 중요하다. 이를 위해 정기적으로 보고를 잘해야 한다. 이들의 요구 사항이 잘 반영되지 않을 경우 업무 진행에 큰 차질이 생길 수 있고, 이들이 업무 진행의 큰 장애물이 되기도 한다.

관심도가 낮고, 영향력도 낮은 사람(D그룹)들의 경우는 최소한의 정보 공유 정도로 관리하면 된다.

폭넓은 시야로 일을 진행하는 법

이러한 사항을 사례를 통해 살펴보자. 박 차장은 영업본부장의 모든 발표 자료를 만들어주는 본부의 기획통으로, 본부장 사업 계획 발표를 준비하고 있다. 이를 위해 각 팀의 실적을 정리하고 내년도 사업 계획을 받아서 멋지게 만들 예정이다. 이때 박 차장의 스테이크 홀더는 누구일까?

우선 영업본부장을 생각할 수 있다. 그런데 만약 영업본부장만 떠오른다면 당신은 하수다. 더 생각해보자. 고민해야 할 스테이크 홀더가 더 있다. 바로 각 팀의 팀장들이다. 또한 각 팀에서 자료를 만들어야 할 담당자도 있다. 다른 본부의 기획통들도 스테이크 홀더이다. 서로 정보를 공유하며 방향을 맞춰야 할 필요가 있기 때문이다. 만약 당신이 이들을 고려하지 않고 일을 추진한다면, 일하는 내내 이들에게 욕을 배부르게 먹을 것이 확실하다.

박 차장은 생각해봐야 한다.
'각 스테이크 홀더들의 요구 사항은 무엇일까? 그리고 그들의 요구 사항을 어떻게 관리해야 할 것인가?'
영업본부장에게는 내용을 사전에 알려주는 것이 좋다. 그래야 PT를 연습할 수 있기 때문이다. 문장 구성이나 표현과 관련해서는 본부장의 취향에 맞춰서 준비하는 것이 좋다.
각 팀장들의 니즈는 아무래도 자신의 팀과 관련된 내용이 본부장에게 들어가기 전에 사전 점검할 기회를 달라고 할 가능성이 크다. 본부장에게 최종 보고되기 전에 팀장 입장에서 자신이 강조할 사항과 빼고 싶은 사항을 확인할 기회를 갖기 원할 것이다.

각 팀의 담당자들은 쓸데없는 업무를 최소화시켜줄 것을 요청할 것이다. 이를 위해 기본 양식과 숫자 등 박 차장이 쓸 내용은 직접 채워 넣고, 방향성에 대해서는 본부장의 확인을 받아주는 것이 좋다.

이런 방식으로 각 스테이크 홀더들의 요구 사항을 정리해봤다면, 추측으로 끝내는 것이 아니라 각 스테이크 홀더들에게 직접 또는 간접적으로 확인해야 한다.

간단하지만 이 과정을 거치면 각 관련자들의 핵심 요구 조건을 반영할 수 있다. 이 과정에서 크게 나오는 것이 없을지라도 직접 물어보는 것은 박 차장이 각 담당자를 존중하고 있음을 보여주기 때문에 상대 입장에서는 배려받는다는 느낌을 받게 된다.

이러한 요구 사항들을 다음과 같이 표로 정리하면 한눈에 스테이크 홀더들의 요구 사항을 볼 수 있다.

본부장의 요구 사항을 만족시키기 위해 발표 5일 전에 1차 보고를 하고, 3일 전에는 최종 결과물을 보고하는 것이 좋다. 워딩과 관련해서는 본부장의 스타일에 맞춰 최종적으로 보완해야 PT의 완성도를 높일 수 있다. 이런 방식으로 각 스테이크 홀더의 요구 사항을 확인하고 관리 방안을 생각한 다음, 업무 계획에 집어넣는다. 여기까지 완료되면 더 이상 고민하지 않고 스테이크 홀더들을 배려한 업무 진행을 할 수 있다.

스테이크 홀더 (관심도/영향력)	요구사항	우선순위	관리 방법
본부장 (상/상)	전체 내용 사전 확인 워딩 관련 니즈	1	• 5일 전 1차 보고 • 3일 전에는 2차 보고 • 워딩 관련 최종 협의
각 팀장 (하/상)	팀 내용 관련 검토 팀장 입장 반영	2	• 중간 보고 철저 • 메일 공유
각 팀 담당자 (중/상)	업무 관련 명확한 지시 쓸데없는 일 없도록	2	• 양식과 스토리라인에 대해 본부장 확인 이후 배부 • 여유 기간 설정
타 본부 기획통 (하/하)	정보 공유 양식 공유	3	• 정기적 연락 • 비공식적 티타임

자, 그럼 나명석 대리의 사례를 통해 이 내용을 연습해보자.

나명석 대리는 스스로 물어봐야 한다. 이 일을 위한 스테이크 홀더는 누구일까? 그들의 요구 사항은 무엇인가? 그리고 어떻게 관리할까?

먼저, 결혼을 앞두고 있는 나명석 대리가 염두에 두어야 할 스테이크 홀더는 누구일까?

스테이크 홀더는 누구인가

나명석 대리 입장에서 생각해야 할 스테이크 홀더는 우선 가장 중요한 예비신부가 있다. 그런데 예비신부만 생각하면 안 된다. 결혼 준비 내내 힘들어진다. 예비신부의 부모님, 즉 장인과 장모를 염두에 둔다면 한결 세심한 결혼 준비를 할 수 있다. 또 있다. 나명석 대리의 부모님이다. 물론 하객, 직장 동료 등도 생각할 수 있지만 우선순위에 따라 예비신부, 장인, 장모, 부모님, 나명석 대리 본인을 스테이크 홀더로 정리했다.

스테이크 홀더들의 요구 사항은 무엇인가

스테이크 홀더들을 정리했으면 그들의 핵심적인 요구 사항이 무엇인지 생각해봐야 한다. 이를 위해 평상시 나누는 대화를 잘 활용해야 한다. 앞에서 배웠던 환언, 끼워 넣기, 질문의 방식으로 각 스테이크 홀더들이 가지고 있는 가장 중요한 요구 사항을 분석할 수 있다. 일단 예비신부는 신혼여행을 중요시하고, 꼭 유럽에 가고 싶어 한다. 그리고 성향상 머리 아픈 것을 싫어한다. 장인어른은 외동딸인 예비신부가 멀리 사는 것을 원하지 않는다. 이러한 방식으로 각각의 스테이크 홀더들의 요구 사항을 잘 듣고 정리할 수 있다.

스테이크 홀더들의 요구 사항 관리 방안은 무엇인가

그렇다면 이 요구 사항들을 어떻게 관리할 수 있을까? 우선 예비신부에 대해서는 신혼 여행지를 유럽으로 정하고, 관련된 주요 상품을 2~3가지 준비해서 예비신부가 결정하게 하면 될 것이다. 결혼 계획에 대해서도 일단 초안을 잡고 예비신부의 의견을 구하는 방식으로 준비하는 것이 수월할 것이다. 이와 같은 방식으로 각각의 관리 방안을 다음과 같은 표로 정리할 수 있다.

이해 관계자 (관심도/영향력)	요구 사항	우선 순위	관리 방법
예비신부 (상/상)	• 예물보다 신혼여행이 중요 • 꼭 유럽으로 가고 싶어 함 • 머리 아픈 것을 싫어함	1	• 신혼 여행지는 유럽으로 준비 • 사전에 계획을 내가 짜고, 중간중 간 공유
장인 (중/중)	• 결혼 이후 예비신부가 멀리 사는 것을 원하지 않음(외동 딸)	3	• 집을 구할 때 반영 (차로 30분 이내의 거리)
장모 (중/상)	• 독실한 기독교 신자이므로 사위도 같은 교회는 아니지 만 꼭 교회를 나가길 바람	2	• 결혼 전에 교회에 같이 나감 • 결혼 예비 학교 등록
부모님 (중/중)	• 무탈하게, 늦지 않게 결혼하 길… • 지원 가능 금액을 지킬 것	2	• 비용 초과 시 은행 및 회사 대출로 해결 • 정기적 대화 통한 진행 사항 보고
나	• 무탈하게 결혼하고 싶음	3	• 철저한 계획과 리스크 대책 준비

결혼을 준비할 때 결혼할 당사자들에게만 시선이 제한되어 있으면 문제가 터진다. 이런 문제는 갈등으로 이어지고, 때로는 집안 간 심각한 대립으로 확대되기도 한다. 눈이 문제다. 처음에 이 일을 진행하기 위해서 스테이크 홀더가 가지고 있는 주요 요구 사항들을 정리하고, 업무를 진행할 때 그 관리 방안을 염두에 두고 진행하면 순조롭게 일이 처리될 수 있다.

업무를 규정하는
삼각 프레임과 목표의 6요소

● 김 과장의 질문

**"팀장님은 맨날 '일의 핵심을 모른다!'라고 하시는데,
핵심이라는 게 도대체 뭐예요?"**

상사들은 항상 '핵심이 틀렸다', '본질이 안 맞다' 같은 뜬구름 잡는 말을
한다. 때로는 '일의 결이 맞지 않는다'라는 실체가 없는 말도 한다.

도대체 이게 무슨 말인가?

일의 핵심을 안다는 것은 일의 목적과 목표, 일의 결과물이 어떻게 나
와야 하는지를 명확하게 알고 있으며, 상사와 같은 그림을 가지고 있는
것을 말한다.

그럼, 각각의 내용이 무엇인지 살펴보자.

목적은 What과 Why로 정리한다

어떤 일의 목적은 What(무엇을 할 것인가?)과 Why(왜 그것을 하는가?)로 정리할 수 있다. 물론 좁은 의미의 목적을 말한다면 Why가 된다. 그러나 What을 같이 언급하게 되면 목적을 좀 더 명확하게 이해할 수 있다.

예를 들어, 영어 공부를 한다고 했을 때 영어 공부가 What이다. 그런데 Why는 다양하게 나올 수 있다. A씨는 승진 조건을 맞추기 위해 영어 공부를 하고, B씨는 미드를 편하게 보면서 미국 문화도 함께 이해하고 싶어서 공부를 한다. C씨는 영어로 말을 잘하고 싶어서 영어 공부를 하려고 한다. 이 세 유형의 목적은 모두 다르게 작성된다.

- **A씨의 목적:** 승진 조건을 충족시키기 위한 영어 실력 향상 프로젝트
- **B씨의 목적:** 미드를 즐기고, 미국 문화를 이해하기 위한 영어 실력 향상 프로젝트
- **C씨의 목적:** 영어로 유창하게 말하기 위한 영어 실력 향상 프로젝트

이렇게 What을 작성하면 일의 실체가 명확해지고, Why를 작성하면 일의 본질이 보이게 된다.

목표란 목적의 What에 대해
'언제까지 얼마나'의 모습으로 정리된다

목적(Purpose)과 목표(Goal)를 같은 의미로 이해하는 사람이 많다. 하지만 이 둘은 명확히 다르다. 목표는 목적에 대한 시점(Time bound)과 구체적(Specific)으로 달성할 결과물을 말한다. 따라서 목표는 달성 정도를 알 수 있도록 측정 가능(Measurable)해야 하고, 도달(Achievable) 가능해야 한다.

앞에서 살펴봤던 A씨의 목표는 무엇일까? 아마 영어 실력 향상이라는 What은 '○○월까지 토익 점수 ○○○점 달성'이라는 형태로 제시될 것이다. B씨의 목표는 '○○월까지 미드 ○○○시리즈를 자막 없이 보고 내용을 90% 수준까지 이해할 수 있다'의 모습이 될 것이다. C씨의 목표는 '○○월까지 미국인과 1시간 이상 업무에 대해 문제없이 대화할 수 있다' 또는 'OPIc 몇 등급을 받는 것'이 목표가 될 수 있다.

목적의 What에 대해 언제까지 얼마나의 수준을 언급하는 것이 목표가 된다. 그리고 목표를 달성하면 목적의 Why를 만족시킬 수 있다.

중요한 것은 이 목표가 우리가 원하는 일의 결과물이고, 이 결과물을 만들기 위한 활동이 우리가 오늘 해야 하는 업무의 세부 내용이 된다는 점이다.

업무의 결과물과 프로젝트 삼각관계

왜 명확한 결과물이 필요할까? 우리가 일을 지시받을 때, 목표치가 명확하게 제시되지 않는다면 우리의 일은 고생 끝에 더 큰 고생이 되는 결과를 낳을 수 있다.

예를 들어보자. 상사의 지시에 따라 '고객 UX(User Experience) 향상을 위한 구매 웹사이트 개선'이란 목적으로 일을 진행하게 되었다. 이를 위해 상사는 '신속하고, 정확하고, 비용 효율적으로 제품 정보를 제공할 수 있는 웹사이트를 개발'할 것을 주문했다.

이 경우 열심히 일한 결과는 상사의 그림과 맞지 않을 수 있다. 이 주문에는 합의되지 않은 모호한 부분이 너무 많이 존재하기 때문이다. '신속'이란 뭘까? '정확'이란 어느 정도의 수준을 의미하는가? '비용 효율적'이란 어느 정도를 말하는가?

이런 결과치에 대한 합의 부재는 과도하게 높은 사양의 결과물을 만들게 되거나, 상사의 기대에 한참 못 미치는 허접한 결과물을 만들게 될 뿐이다. 업무 시작 전에 명확한 결과물의 정의(예를 들어, 신속이란 1,000건의 주문을 10분 안에 처리할 수 있어야 함, 또는 5,000건의 제품 정보를 1분 안에 제공할 수 있어야 함)가 필요하다.

이러한 이슈의 중요성은 프로젝트 삼각관계라는 프레임과 연계된다.

프로젝트 삼각관계는 업무의 결과물을 만들기 위해 시간, 비용, 작업 범위가 삼각형의 세 변을 구성하고 있어야 한다는 것을 의미한다. 즉 일정한 품질의 결과물을 만들기 위해서는 시간, 비용, 작업 범위가 밀접한 연관성을 지니고 있어야 한다. 좋은 것, 고품질의 결과물은 당연히 손이 많이 가고, 비용과 시간이 많이 들게 된다. 한 변의 변화는 필연적으로 다른 변의 변화를 초래하게 된다. 그 변화는 결과물과 직접적으로 연결되어 있다.

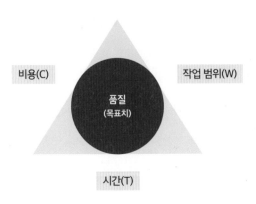

● 프로젝트 삼각관계 ●

만약 상사의 기대치보다 훨씬 높은 품질의 결과물을 만들어간다면, 상사로서는 좋을 수 있다. 기대보다 높은 수준이기 때문이다. 그러나 과도한 결과물의 잉여가 발생하고, 동시에 과도한 비용과 시간이 투입된다. 이런 경우 상사는 "비용은 어떻게 처리하려고 여기에 이 돈을 들여?"라든지, "요즘 이 일만 하나?"라는 반응을 보일 수 있다. 중요도가 높지 않은 일에 과도한 자원을 낭비한 격이기 때문에 상사 입장에서는 달가운 일만은 아닌 것이다.

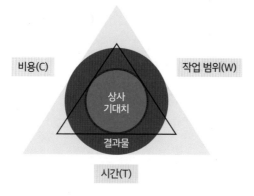

반면 상사의 요청 사항보다 훨씬 낮은 수준의 결과물을 만들어가서 상사가 다시 수준을 맞춰오라고 한다면, 이것은 흔히 말하는 사고다. 정확히 말하면 품질 사고다.

상사나 고객의 기대치를 맞추기 위해 기존의 비용, 시간, 작업 범위를 모두 변경해야 한다. 일반적으로 비용은 쉽게 늘리기 어렵기 때문에 작업자들의 시간을 엄청나게 투입하는 OT(잔업)를 초래하게 된다. 또는 급격한 비용 증가로 많은 손실을 초래한다. 고생은 고생대로 하고 적자를 유발하게 되는 모습이다.

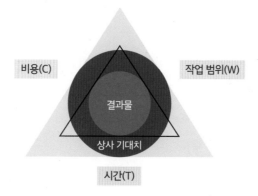

일잘러는 업무의 명확한 목적과 결과물에 대한 그림을 고객인 상사와 합의하고 진행한다. 그렇기에 자원의 낭비를 최소화할 수 있고, 필요한 순간에 '딱! 맞는' 결과물을 제공할 수 있다.

자, 그럼 나명석 대리의 결혼 프로젝트로 돌아가 생각해보자.

나명석 대리의 목적은 어떻게 생각할 수 있을까? 목적의 What은 '행복한 결혼식'이다. Why는 '행복한 결혼 생활'이다. 따라서 목적은 '행복한 결혼 생활을 위한 행복한 결혼식 준비'라고 할 수 있다. 그렇다면 이 일을 성공적으로 진행한 결과물의 모습은 뭘까? '행복한 결혼식 준비'를 구체적으로 얘기한다면 '결혼식까지 예비신부와 한 번도 싸우지 않고, 결혼 이후 양가 부모님의 칭찬을 받는다'로 정리해볼 수 있다.

결혼 준비를 이렇게 고민하면서 해야 하는 이유는 뭘까? 이것을 잘 정리해야 다른 사람의 지원을 받기가 쉽고, 일을 포기하고 싶을 때에도 지속할 수 있는 목표 의식이 생긴다. 여기서 떠오르는 것, 이것이 일의 배경이다. 이에 대해서는 크게 다음 세 가지로 생각해볼 수 있다.

1) 결혼 준비를 하면서 커플들이 많이 싸우고 파혼까지 가는 일도 종종 발생한다.
2) 결혼식 과정을 통해 양가를 모두 만족시키고, 추후 경제적·사회적 독립의 기반을 형성할 수 있다.

3) 예비신부와의 원만한 결혼식 준비를 통해 추후 행복한 결혼의 기초를 마련할 수 있다.

앞에서 우리는 업무의 방향성을 명확하게 하기 위한 프로패드 양식을 작성하는 법을 살펴보았다. 그 양식에 나명석 대리의 내용을 대입해보자. 이를 통해 추진할 일의 방향성이 명확해지고, 관련된 사람들과 방향을 쉽게 합의해갈 수 있다.

Sense of Direction			
1. 프로젝트명: Happy Wedding!			
2. 기간: ○○년 ○○월~○○년 ○○월			
3. 예산 및 제약 조건 • 전체 예산은 1억 8,000만 원 이내 • 금년 ○○월까지 결혼			

스테이크 홀더 분석			
Holder	요구 사항		관리 방법
예비 신부	예물보다 신혼여행이 중요. 꼭 유럽으로 가고 싶어 함. 머리 아픈 것을 싫어함		유럽으로 계획 준비
장인	결혼 이후 예비신부가 멀리 사는 것을 원하지 않음		30분 이내 거리
장모	독실한 기독교 신자이므로 사위도 같은 교회는 아니지만 꼭 교회를 나가길 바람		교회 등록

추진 배경	목적/목표
1. 결혼 준비를 하면서 커플들이 많이 싸우고 파혼까지 가는 일들이 빈번함 2. 결혼식 과정을 통해 양가를 모두 만족시키고, 추후 경제적·사회적 독립의 기반을 형성함 3. 예비신부와의 원만한 결혼식 준비를 통해 추후 행복한 결혼생활의 기초를 마련	1. **목적:** 행복한 결혼생활을 위한 행복한 결혼식 2. **목표:** 결혼식까지 예비신부와 한 번도 싸우지 않고, 결혼 이후 양가 부모님에게 칭찬을 받는다.

전사 다이어트 프로젝트 진행을 위해 방향성을 수립하자

우리는 나명석 대리의 결혼식 준비를 통해 방향성 수립의 절차를 하나씩 살펴보았다. 방향을 잃게 하는 원인인 막힌 귀에 대해서는 '커뮤니케이션의 방법'을, 좁은 눈에 대해서는 '스테이크 홀더 분석 및 관리 방안 수립'을 통해 해결 방안을 알아보았다. 그리고 목적과 결과물 부재를 극복하기 위한 방법도 살펴보았다. 그러면 또 다른 과제인 '김성장 프로의 과제'를 통해 방향성의 공식을 다시 한번 정리해보자.

월요일 오전, 사장이 김 프로를 부르더니 이렇게 말한다.
"회사 다이어트 프로젝트 좀 진행해봐!"
김 프로는 사장이 지시를 짧고 간단하게 한다는 특성을 잘 이해하고 있었다. 그래서 사장의 말을 이렇게 환언했다.
"예, 회사 비용 절감 관련 프로젝트를 준비하라는 말씀이신가요?"
그러자 사장은 이렇게 더 넓은 배경을 말해준다.
"아니, 회사 직원들 살 빼는 프로젝트를 좀 추진해봐. 요즘 직원들 비만이 심각해서 분위기도 처지고, 퇴사와도 연관성이 있는 것 같아. 이왕이면 직원들이 즐겁게 다이어트를 할 수 있도록 추진하면 좋겠어."
"예, 다이어트 프로젝트를 기획해서 다음 주 금요일까지 보고 드린 후 추진하겠습니다."
김 프로는 사장의 말을 받아서 이렇게 끼워 넣기를 통해 사장의 지시를 명확하게 확인했다.

김 프로는 일을 진행하기 위해, 이번 프로젝트와 관련되어 있는 스테이크 홀더들을 생각해본다. 사장과 프로젝트의 대상이 될 비만 직원들이 곧바로 떠오른다. 또 한참 실적에 쪼이고 있는 영업 팀장들의 얼굴이 떠오른다. 아무래도 '영업하느라 바쁜데, 무슨 한가한 다이어트냐?'라고 담당자인 김 프로에게 불만을 늘어놓을 가능성이 크다.

또 얘기를 하다 보니 정상 체중인 직원들도 회사의 복지 혜택 관련 관심이 많을 것이라는 생각이 들었다. 더불어 일을 같이 진행해야 하는 조직문화 팀원들도 떠올랐다. 그래서 김 프로는 각 대상별로 대표적인 사람들을 꼽아 그들의 의견을 묻기로 했다. 대표적인 스테이크 홀더들의 의견을 물으니, 미처 생각하지 못했던 니즈들이 도출되었다. 각각의 니즈에 대해 관리 방안을 도출한 결과를 다음과 같이 정리했다.

이해 관계자 (관심도/영향력)	요구 사항	우선 순위	관리 방법
사장님 (상/상)	• 비만 직원 다이어트가 확실히 될 수 있도록 해야 함	1	• 분석과 전략의 연계성 어필 • 추후 정량화된 성과 분석
비만 직원들 (상/중)	• 본인들의 입장 반영 • 비만이라는 낙인이 찍히지 않아야 함	2	• 비만도 자료 공개 금지 • 인터뷰 시 정상 체중도 포함
영업 팀장들 (하/상)	• 영업 업무에 방해되지 않아야 함	2	• 영업 직원들 인터뷰는 서면 또는 통화
PJT 팀원들 (중/중)	• 즐거운 프로젝트가 되어야 함	3	• 퍼실리테이션 스킬 도입으로 즐거운 회의/운영 • 근무 시간 내 진행
정상체중 직원 (중/하)	• 우리는 혜택이 없는가? • 복지 혜택에서 역차별 받지 않아야 함	3	• 실행 방안 수립 시 함께할 수 있는 방안 고민

각 스테이크 홀더들의 요구 사항을 분석하고 관리 방안까지 수립하니 한결 마음이 가벼워졌다. 김 프로는 일의 방향성을 명확하게 하기 위해 목적과 목표, 배경을 정리했다.

목적의 What은 비만 직원 다이어트, Why는 사장의 의도를 반영했을 때 건강하고 활기찬 회사 분위기 조성으로 정리했다.
의무실에서 확인해본 결과 현재 당사 비만율이 ○○%로 업계 대비 높은 수준이다. 따라서 목표는 사장이 요즘 많이 언급하는 K사와 유사한 수준으로 맞춰서, 현재보다 비만율을 평균 20%로 낮추는 것으로 잡았다.

프로젝트 기간은 총 4개월로 준비는 1개월, 진행은 3개월로 잡을 예정이다. 재무회계팀에 확인해보니 가용 예산은 5,000만 원 정도로 배정되었다.

김 프로는 이번 프로젝트가 중요한 이유를 정리해보았다. 대내외적으로 제시할 프로젝트의 배경이다.

- 비만으로 인한 회사 직원 퇴사/병가 증가
- 직원 건강과 회사 복지에 대한 사회적 인식 증가
- 회사 분위기 관련 이슈 제기: 젊은 회사/건강한 사람들이라는 회사 이미지와 맞지 않음

이렇게 배경을 정리하고, 김 프로는 프로젝트의 방향을 프로패드 양식에 작성해서 사장에게 간략하게 보고한다.

Sense of Direction

1. 프로젝트명: 헬스보이 프로젝트
(비만 직원 다이어트 프로젝트)

2. 기간: ○○년 ○○월~○○년 ○○월
(준비 1개월, 실행 3개월)

3. 예산 및 제약 조건
- 전체 예산은 5,000만 원(회계팀 의견)

스테이크 홀더 분석

Holder	요구 사항	관리 방법
사장님	비만 직원 다이어트가 확실하게 될 수 있어야 함	성과 분석
비만 직원	자신들의 입장 반영해서 비만이라는 낙인이 찍히지 않아야 함	비밀 유지
정상 채중 직원	우리는 혜택이 없는가? 역차별 소외감 느끼지 않아야 함	전체 혜택 공유
영업 팀장	영업 업무에 지장이 없어야 함	시간대 고려

추진 배경
1. 비만으로 인한 직원의 퇴사율 증가
- 업무 특성상 4년 차부터 성과가 창출되는데, 비만으로 숙련 직원의 퇴사 증가

2. 건강과 회사 복지의 연관성 증가
- 삶의 질(건강)이 회사의 복지와 밀접한 연관 관계로 인식하는 직원들이 증가하고 있음

3. 비만 직원 증가로 회사 업무 분위기가 정체된다는 의견 제기
- 건강한 회사/젊은 회사 이미지에 부합되지 않는 회사 분위기에 대한 불만 증가

목적/목표
1. 목적: 비만 직원 다이어트를 통해 건강하고 활기찬 회사 분위기 조성
2. 목표: 프로젝트 종료 시까지 비만 직원 비율을 업계 평균 대비 양호한 수준(○○%)으로 개선

사장은 이러한 내용을 보고 방향성을 잘 잡았다고 말했다. 그리고 진행 계획을 세워서 다음 주 금요일까지 보고해줄 것을 요청했다. 정상 체중 직원들의 요구 사항을 확인하고는 전 직원에게 혜택이 고르게 갈 수 있는 방법을 고민해보라는 첨언도 했다.

3장

Task Management:
태스크 관리

업무의 숲과
나무를 함께 보는
프로 일잘러의
작업 기술

직장 초년생일 때는 주로 정보를 처리하거나 비교적 규모가 작은 단위 업무를 하게 된다. 그러다가 역량을 인정받아 승진을 하게 되면 점점 업무의 규모가 커지고 혼자서는 할 수 없는 일을 맡기 마련이다. 혼자 처리할 수 있는 작은 업무는 계획이나 절차를 머릿속으로만 생각해도 되지만, 일의 규모가 커지게 되면 숲과 나무를 함께 볼 수 있는 역량이 필요하다.

업무가 커졌다고 숲만 보고 나무는 살피지 못한다면 디테일이 떨어져 결과물의 품질을 보장할 수 없다. 반대로 전체 숲의 모습을 보지 못하고 디테일만 챙긴다면 업무가 올바르게 진행되고 있는지, 형태는 계획한 대로 갖춰지고 있는지 살필 수 없다. 또한 일의 규모가 커지면 각종 세부 업무와 일정 계획, 일을 함께할 파트너, 곳곳에서 생길 수 있는 리스크까지 챙겨야 할 것들이 배가 된다. 치밀한 업무 계획이 필요한 이유다. 이를 위해 프로젝트의 계획 수립 방법을 활용하는 것은 큰 도움이 된다. 일잘러의 다섯 가지 작업 기술만 알고 있다면 아무리 규모가 크고 복잡해 보이는 프로젝트도 척척 해낼 수 있다.

프로 일잘러가 되고 싶다면 다음의 5단계를 활용해보자.

- Step 1. WBS 도출
- Step 2. R&R(Role & Responsibility) 정의 및 소요 자원 예측
- Step 3. 일정 계획 수립
- Step 4. 리스크(Risk) 관리 전략 수립
- Step 5. 커뮤니케이션(Communication) 계획 수립

'부담스러운' 과제를
'간단'하게 만드는 기술:
Work Breakdown

● 김 과장의 고민
"이렇게 큰 업무는 어떻게 해야 하는 거야?"

올해 과장으로 승진한 김 과장은 요즘 고민이 깊다. 작년까지 3년 선배인 박 과장이 담당하던 전 사원 직무역량 교육을 올해부터 맡아서 해보라는 팀장의 지시가 있었기 때문이다. 대리 때 하던 교육에 비해 규모나 기간이 몇 배로 커진 데다, 신종 코로나바이러스 감염증(코로나19) 여파로 '웨비나'와 같은 실시간 화상 교육 방법도 함께 활용해야 하는 바람에 일이 너무 복잡해졌다. 전임자였던 박 과장은 해외로 발령이 나서 도와달라고 말하기도 애매한 상황이다.

설상가상으로 팀장은 김 과장에게 "과장으로 승진도 했으니 이번 기회에 좀 더 큰 업무를 맡아서 역량을 맘껏 발휘해봐"라고 격려 아닌 격려까지 한 상태여서 김 과장의 속은 바싹 타 들어가고 있다.

'도대체 이렇게 차수도 많고, 과정도 많은 교육을 박 선배는 어떻게 한 거야?'

일은 잘게 쪼개야 단순해진다

큰 규모의 업무를 처음 맡게 되면 누구나 부담스럽다. 어디서부터 어떻게 손을 대야 할지, 일을 어떻게 나누고, 언제까지 누구와 함께 일을 처리해나가야 하는지 머릿속이 복잡해진다. 마치 망망대해에 떠 있는 듯한 불안감과 두려움이 엄습한다. 부담스럽다고 일을 마다하고, 불안하다고 피하기만 한다면 조직에서 성장할 수 없다. 이런 때일수록 큰 업무를 세분화하여 단순하게 만들고 한눈에 볼 수 있도록 관리하는 기술이 요구된다. 이를 'Work Breakdown(워크 브레이크다운)'이라고 한다.

1776년에 출간된 아담 스미스의 《국부론》에서는 '보이지 않는 손' 명제에 가려져 덜 유명한 '핀 공장 이야기'가 나온다. 이 '핀 공장 이야기'는 특화와 분업이 얼마나 강력한지를 보여준다. 핀을 만드는 작업은 현대인이 보기에는 굉장히 단순해 보이지만, 이를 통해 제시된 분업의 원리는 수만 개의 부품이 조합되어 탄생하는 자동차와 비행기까지도 빠른 속도로 생산할 수 있도록 만들었다. 복잡할수록 잘게 쪼개고 특화시켜 체계화하면 일은 단순해지면서도 합리적인 구조를 갖추게 된다.

'Rational(합리적)'이라는 말은 원래 라틴어인 'Ratio'라는 어원에서 파생된 말로 '계산하다'는 뜻을 가지고 있다. 즉 '치밀하고 계산적으로 사고하는 것'을 '합리적'이라고 한다. 게리 클라인(Gary Klein)은 그의 책 《인튜이션》에서 합리적 사고를 하기 위한 네 가지 활동들을 제시했다.

분해하기

업무를 분석해서 하고자 하는 일을 잘게 쪼개는 것이다. 어떤 대상이 어떻게 구성되었는지 아는 것은 그 자체가 하나의 역량이 될 수 있다.

맥락에서 떼어놓고 생각하기

모호함을 증가시킬 수 있는 맥락에서 떨어뜨려 추가적인 사실이나 규칙, 요소로 표현한다.

계산하기

논리적 원칙이나 통계 분석과 같은 다양한 계산 절차들을 각 요소에 적용한다.

설명하기

모든 분석과 재현은 공식적으로 추적 및 조사가 가능해야 한다.

합리적인 분석은 복잡한 문제를 보다 단순하고 체계적으로 볼 수 있게 한다. 아울러 많은 요소를 폭넓게 다룰 수 있으며, 중요한 요소를 간과할 위험을 제거해주므로 의사결정 과정에서 실수를 줄일 수 있게 한다. 위의 네 가지 활동이 없었다면 오늘날과 같은 과학과 기술 분야의 성장은 실현될 수 없었을 것이다.

일잘러의 업무 원칙: 오늘 할 일은 오늘 한다

일 잘하는 업무 거인들의 성공 법칙을 담은 《타이탄의 도구들》이라는 책에는 '인생을 바꾸는 클리셰(Cliché, 뻔한 말, 상투적인 말)를 찾아라'는 말이 나온다. 업무를 잘하는 거인의 비결은 심오하고 현학적인 것이 아니라, 우리가 알고 있는 뻔한 말에 있다는 것이다. 그리고 그것을 실천하는 것이라고 조언한다.

업무에 대해 우리가 듣는 가장 뻔한 말 중 하나가 '오늘 할 일은 오늘 한다'이다. 누구나 다 아는 말이다. 그런데 비극은 '오늘 할 일'을 제대로 아는 사람이 없다는 것이다.

1년 내내 '신규 거래처 5군데 발굴'이라는 부담감 큰 목표를 가지고 있으나, 실제로 오늘 그것을 위해 무엇을 해야 하고 어떻게 움직여야 하는지 아는 사람은 그리 많지 않다. 큰 업무를 큰 업무로 두는 것이 아니라, 오늘 해야 할 작은 업무로 쪼개야 한다. 어떤 성과물을 오늘 만들어내야 하는지 분해하고, 합리적 맥락에서 흐름을 잡아야 한다.

오늘 할 일을 오늘 해내는 것이 일잘러의 클리셰다.

오늘 할 일을 만들어내기 위한 'Work breakdown'의 원칙은 살아남기 위해 당장 배워야 할 일잘러의 기술이다.

일의 전체를 바라보고 꽉 잡는 법: WBS 작성하기

● 김 과장의 질문
"일을 쪼개라는 건 이해하겠는데요.
밑도 끝도 없이 어떻게 쪼개야 할지 모르겠어요.
박 선배가 작성한 WBS라는 문서는 뭔가요?"

"일을 쪼개라."

말은 쉬운데, 일을 어떻게 쪼개야 할까?

일을 쪼개는 방식으로 프로젝트 현장에서 활용되는 방법이 있다. 이 방법을 업무에 접목한다면 어떤 업무든 쉽게 분해할 수 있다. 바로 WBS다.

WBS는 'Work Breakdown Structure'의 줄임말로 커다란 프로젝트의 업무를 세부적으로 분석하여, 주요 활동 단위로 쪼개서 구조화시킨 것을 말한다. 우리말로 하면 '작업 분류 체계'라고 하는데, 대부분 'WBS'라는 용어를 그대로 사용하는 것이 일반적이다.

그렇다면 WBS를 어떻게 작성할 수 있을까? 다음 몇 가지 원리를 적용하면 쉽게 작성할 수 있다.

계층성의 원리

WBS는 업무의 계층적인 구조로 체계를 만든다. 1이라는 Level 1의 작업을 하기 위해 1.1 / 1.2 / 1.3 등의 Level 2의 업무가 존재한다. 1.1을 만들어가기 위해 1.1.1 / 1.1.2와 같은 하위 레벨인 Level 3의 업무가 존재한다.

완결성의 원리

프로젝트의 시작에서부터 완료할 때까지 수행해야 할 모든 업무가 표현되어 있어야 한다. 만약 여기서 누락이 발생한다면 그 내용은 업무 진행에서 빠지게 되고, 이는 부실한 프로젝트의 원인이 된다. 한마디로 프로젝트가 망할 수 있다.

포괄성의 원리

하위의 업무를 다 하면, 상위의 결과물이 나오게 된다. 즉 1.1 / 1.2 / 1.3 등 Level 2의 업무를 다 하게 되면, 1이라는 Level 1의 업무가 완성될 수 있다.

● WBS의 구조도 ●

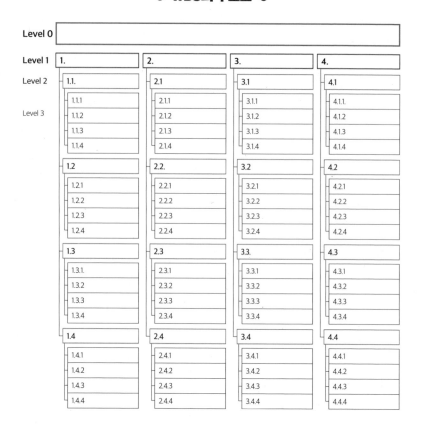

WBS는 일을 진행해갈 때 핵심 업무는 무엇인지, 기간은 얼마나 걸리고 비용은 얼마나 들지, 필요한 자원은 무엇이고, R&R(Role and Responsibilities, 역할과 책임)을 어떻게 배분할지에 대한 내용도 한눈에 볼 수 있게 하는 업무의 청사진이다. 숲과 나무를 함께 보려면 WBS 작성은 필수적이다. WBS를 통해 얻을 수 있는 이점은 다음과 같다.

- 업무 과정이나 결과 추정의 정확성을 높일 수 있다.
- 작업 수행의 역할과 책임을 명확히 할 수 있다.
- 작업 성과의 모니터링과 통제를 쉽게 할 수 있다.

위에서 제시한 이점 외에도 WBS 작성을 습관화하면, 상사에게 치밀한 일처리와 업무 완결성을 갖춘 인재로 인정받을 수 있다. 그리고 업무 인수인계나 후배 양성을 할 때도 WBS를 사용한다면 효과를 높일 수 있다.

WBS를 알면 '라면'도 명품 요리가 된다

WBS를 작성하면 업무에 어떤 변화가 생기게 될까? 간단하게 '라면 끓이기'를 WBS 작성 방식에 대입해 생각해보자. 라면은 우리나라 모든 사람이 좋아하는 국민음식으로 조리하는 방법도 각양각색이다. 대부분 20년 이상은 끓여봤을 것이다. 그런데 "라면을 끓이는 방법이 뭔가요?"라고 물으면 그에 대해 체계적으로 답을 하는 사람은 별로 없다.

"일단 물을 끓여요. 팔팔 끓으면 라면을 넣고요. 휘휘 저은 다음에 잘 익었다 싶으면 먹는 거죠! 김치는 필수입니다!"

대부분 이런 식으로 라면 끓이는 과정을 설명한다.

그래서 수십 년간 라면을 끓이지만 본인만의 노하우가 정리된 매뉴얼을 가진 사람은 거의 없다. 이와 같이 체계없이 일을 하면 부하직원들에게 효과적으로 일을 배분하기 어렵다. 그러다 보니 "그냥 걸리적거리니까 들어가 있어"라는 말이 나온다.

라면 끓이기를 통한 사례지만, 업무 현장에서도 일의 체계가 없으면 이런 일이 발생한다.

그렇다면 라면을 끓이는 방법을 WBS로 정리해보자.

명품 라면을 끓이기 위해서는 가장 먼저 '도구 준비, 물 넣기, 라면 넣기, 먹을 반찬 준비, 토핑 준비, 담아내기'라는 가장 큰 단위의 작업(Level 1)을 도출한다. 그런 후 각각의 최상위 업무에 따라 하위 작업을 세분화한다. 예를 들어, 도구 준비라면 양은냄비, 물컵, 타이머, 담을 그릇, 키친타월을 준비할 수 있다. 이렇게 정리한 다음 업무의 흐름을 검토하고 순서를 조정한다. 이렇게 명품 라면 끓이기 WBS를 작성하면 다음과 같다.

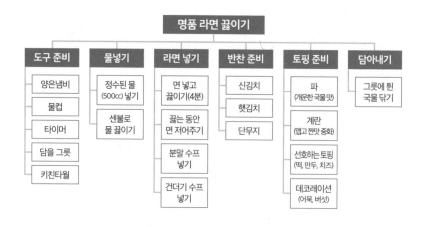

똑같이 라면을 끓이는 것이지만 이런 WBS의 체계가 있는 사람은 어떤 차별점이 있을까?

첫째, 자신의 프랜차이즈를 만들 수 있을 정도의 매뉴얼이 생긴다.

'날씨가 더운 날은 물을 10cc 덜 넣는 게 좋겠네.'

'아침에는 해장 라면을 찾는 사람들이 많으니 다소 매운 맛을 낼 수 있는 토핑을 추가하는 게 좋겠네.'

'라면을 끓일 때 마지막에 액젓을 넣으면 깊은 맛이 더해지네.'

이런 식으로 자신만의 노하우를 만들어갈 수 있다. 또한 이런 노하우는 WBS 안에 체계적으로 정리할 수 있다.

둘째, 이렇게 체계를 만드는 사람은 부하직원이 많을수록 일을 더 잘 운영할 수 있다. 즉 일이 세분화되어 있기 때문에 분업이 가능하다.

"김 대리는 도구를 준비해줘! 이 대리는 물을 끓이고 라면을 넣고 익히는 것까지 해줘! 김 주임은 반찬을 준비해주고, 이 주임은 토핑 재료를 준비해!"

이처럼 업무를 잘 배분하고 일을 통제할 수 있다.

WBS 작성,
실전으로 해보기

WBS 작성 모델

WBS를 작성하는 방법에는 하향식(Top down) 방법과 상향식(Bottom up) 방법이 있다. 각각의 방법을 구체적으로 살펴보자.

하향식 방법

하향식 방법은 가장 큰 업무 단위부터 하위 수준의 업무 단위로 내려가며 구조화시키는 방법으로 3단계의 과정을 통해 구성할 수 있다. 해본 경험이 있는 일이거나, 본인의 전문성이 있는 분야라면 이러한 하향식 방법이 효과적이다.

1) 최상위 작업들을 시간적 순서나 절차 단계의 순서에 따라 <u>빠짐없고 중복 없이</u>(MECE) 만든다.

2) 작업을 세분화하는 단계로 각각의 단계에 해당되는 세분화된 작업들을 List down해 나간다.

3) 각 단계의 흐름을 검토하면서 흐름이 부자연스러운 부분을 확인하고 수정한다.

상향식 방법

상향식 방법은 세부적인 업무를 먼저 생각하고, 단위 업무들을 묶어가는 과정을 통해 WBS를 구성하는 방법이다.

이 방법은 기존에 없던 새로운 업무를 계획하기 위해 팀원들이 모여 아이디어를 내고, 이를 정리하여 단위 업무의 구조를 만들어야 하는 프로젝트에 효과적이다.

1) 프로젝트를 수행하기 위해 필요한 모든 업무를 적고 작업을 구상하는 단계부터 시작한다.

2) 유사한 단계의 업무로 분류하고, 각 단계를 특징지을 수 있는 핵심 용어로 묶어 제목을 붙인다. 이것을 클러스터링(Clustering)이라고도 하고, 작업 그룹화 단계라고도 한다.

3) 두 번째 단계에서 정리한 핵심 용어를 중심으로 최상위의 작업 단위 흐름을 <u>빠짐없고 중복 없이</u>(MECE) 정리하고, 하위 단계의 세부 작업들의 흐름을 정리한다.

4) 하향식 방법과 같이 WBS의 흐름을 점검하고 순서를 조정한다.

이 두 방식으로 WBS를 작성할 때, 핵심적인 키워드가 있다. 바로 최상 단 작업 단위의 흐름이 빠짐없고 중복 없이(MECE) 만들어진다는 점이다. 이러한 최상단 작업 단위의 흐름을 만들어갈 때 유용한 접근의 틀은 시간 (주기), 장소, 제품, 기능 구성 요소별로 구분하여 작성할 수 있다.

이러한 기준으로 WBS를 작성하면 다음 다이어그램과 같이 나타낼 수 있다. 이 중 가장 범용적으로 활용될 수 있는 것은 시간(주기) 모델이다.

● 시간 / 프로세스 주기 ●

● 제품 구성 요소 ●

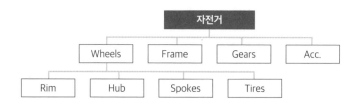

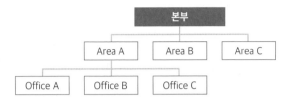

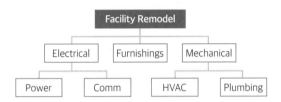

실전으로 배우는 WBS 작성법

그러면 실전을 통해 WBS 작성법을 연습해보도록 하자. 나명석 대리의 해피웨딩 프로젝트다. WBS 작성은 할 일 리스트 만들기, 그룹핑 하기, 순서 정리 및 점검 순으로 진행한다.

[프로젝트명] 해피 웨딩 프로젝트

할 일 리스트 만들기

가장 먼저 행복한 결혼식을 하기 위해 할 일을 도출한다. 이때는 브레인스토밍을 통해 해야 할 일을 생각나는 대로 나열하면 된다. 할 일 리스트를 만들 때는 마인드맵* 프로그램을 활용하면 편리하다.

---

* 생각의 지도라는 의미로 영국의 언론인이었던 토니 부잔이 1960년대 고안한 기법으로 학습법뿐만 아니라 기업 업무역량 향상에도 효과가 있어 활용 분야가 넓다. 초기에는 손으로 그리는 방식으로 맵을 작성했으나 현재는 PC에서 사용할 수 있는 다양한 프로그램이 출시되어 있다.

그룹핑 하기/순서 정리하기/점검하기

할 일 리스트를 정리하고 나면, 다음으로 할 일을 비슷한 단계와 영역으로 묶어 그룹핑을 한다. 그룹핑된 할 일의 특징을 확인하여 핵심 용어를 제목으로 붙인다. 그룹핑 작업을 완료한 후에는 최상위 업무의 순서를 정리하고 흐름이 원활한지, 누락된 부분은 없는지 점검한다.

나명석 대리의 해피 웨딩 프로젝트를 프로패드에 추가해보자. 이를 통해 준비할 일들을 전체적으로, 또 세부적으로 확인하면서 결혼식을 위한 일을 진행해나갈 수 있게 되었다.

Sense of Direction

1. **프로젝트명:** Happy Wedding!
2. **기간:** ○○년 ○○월~○○년 ○○월
3. **예산 및 제약 조건**
 - 전체 예산은 1억 8,000만 원 이내
 - 금년 ○○월까지 결혼

추진 배경

1. 결혼 준비를 하면서 커플들이 많이 싸우고 파혼까지 가는 일들이 빈번함
2. 결혼식 과정을 통해 양가를 모두 만족시키고, 추후 경제적 · 사회적 독립의 기반을 형성함
3. 예비신부와의 원만한 결혼식 준비를 통해 추후 행복한 결혼의 기초를 마련

스테이크 홀더 분석

Holder	요구 사항	관리 방법
예비 신부	예물보다 신혼여행이 중요. 꼭 유럽으로 가고 싶어 함. 머리 아픈 것을 싫어함	유럽으로 계획 준비
장인	결혼 이후 예비신부가 멀리 사는 것을 원하지 않음	30분 이내 거리
장모	독실한 기독교 신자이므로 사위도 같은 교회는 아니지만 꼭 교회를 나가길 바람	교회 등록

목적/목표

1. **목적:** 행복한 결혼생활을 위한 행복한 결혼식
2. **목표:** 결혼식까지 예비신부와 한 번도 싸우지 않고, 결혼 이후 양가 부모님에게 칭찬을 받는다.

Task Management

Level 0 | 해피 웨딩 프로젝트

Level 1	1.식전 인사	2. 거주 준비	3. 결혼식	4. 신혼여행 및 인사
Level 2	1.1 프러포즈	2.1 신혼집 준비	3.1 예식장 대여	4.1 신혼여행지 선정
Level 3	1.1.1 스케줄 확인	2.1.1 신혼집 물색	3.1.1 예식장 선정/계약	4.1.1 여행지 추천받기
	1.1.2 장소 섭외	2.1.2 신혼집 선정/계약	3.1.2 예식장 선정/계약	4.1.2 여행지 선정/예약
	1.1.3 이벤트 준비	2.1.3 신혼집 인테리어	3.1.3 식사 선정/정리	4.1.3 호텔/항공편 예약
	1.1.4 선물 준비	2.1.4 리스크 관리	3.1.4 대호/자료 준비	4.1.4 핸디/PT 예약
	1.2 상견례	2.2 혼수 상반	3.2 본식 준비	4.2 신혼여행 물품 준비
	1.2.1 스케줄 확인	2.2.1 가전제품 구입	3.2.1 스드메	4.2.1 개인 물품 준비
	1.2.2 식당 예약	2.2.2 가구/소품 구입	3.2.2 할인/쿠폰/추가	4.2.2 현금 환전/카드
	1.2.3 부모님께 알리기	2.2.3 예단 장만	3.2.3 최종 점검	4.2.3 카메라/폰 로밍
	1.2.4 선물 준비	2.2.4 기타(식기 등등)	3.2.4 R&R	4.2.4 비상약 준비
	1.3 결혼식 초대	2.3	3.3 본식 진행	4.3 결혼 후 인사
	1.3.1 청첩장 제작	2.3.1	3.3.1 본식/폐백	4.3.1 양가 부모님 인사
	1.3.2 지인 인사 및 식사	2.3.2	3.3.2 하객 인사	4.3.2 회사 답례
	1.3.3 청첩장 발송	2.3.3	3.3.3 결혼식 정리	4.3.3
	1.3.4	2.3.4	3.3.4	4.3.4

비만 직원 다이어트(헬스보이) 프로젝트 진행을 위한 WBS 작성하기

우리는 나명석 대리의 결혼식 준비를 위한 WBS 작성을 통해 프로젝트에서 해야 할 일들을 체계적이고 세부적으로 분류하였다. 결혼식 프로젝트는 여러 가지 할 일을 예비신부와 의논하여 나열하고 이를 그룹핑하는 상향식 방법으로 WBS를 작성하였다.

이번에는 김성장 프로의 '비만 직원 다이어트(헬스보이) 프로젝트'를 진행하기 위한 WBS를 작성해보자. 프로젝트의 경험이 있는 김성장 프로는 이번 WBS 작성을 하향식으로 작성해보았다.

먼저, 가장 큰 업무 단위로 실태 조사, 문제점 분석, 프로젝트 계획 수립, 프로젝트 진행, 사후 처리로 분류하였다. 실태 조사에는 직원들의 비만도를 조사하고, 관련자의 의견을 수렴한다. 또한 타사와의 비교를 위해 타사의 사례를 조사하는 것을 포함하였다.

문제점을 분석하기 위해서 전사 설문조사를 통해 직원들의 의견을 조사하고 사내 식당의 협조를 받아 사내 식당에서 제공되는 식단의 칼로리와 직원들이 회식에서 주로 먹는 음식을 조사하기로 했다. 문제점 분석에 있어 전문가의 의견도 중요하므로 이를 포함하고 여기까지 조사된 자료를 분석하여 1차로 사장에게 보고할 예정이다.

프로젝트 계획 수립은 전문가 워크숍과 주요 과제를 도출한 후 프로젝트 시행안을 수립한다. 이를 토대로 내부 결재 및 시행 준비를 한다. 프로젝트를 진행하기 위해 진행 조직을 구성하고 참가자 서약 및 교육을 한다. 그리고 일정 시간이 경과한 뒤 1차 중간평가와 최종평가를 거쳐 시상식을 실시한다. 이렇게 도출된 Level 2의 업무를 다시 한번 세부적인 업무로 나누어 구조화한다.

여기서 눈여겨볼 사항이 있다. 다음 WBS에서 색으로 처리된 부분으로, 이 내용은 스테이크 홀더 분석에서 스테이크 홀더들의 니즈를 반영한 내용이다. 예를 들어 실태조사에서 '1.2.3 의 영업직원 전화 인터뷰'는 영업 팀장들의 니즈를 반영하고 관리하기 위한 접근법이다. 즉 스테이크 홀더들을 관리하기 위한 방법을 이렇게 WBS에 반영하면 된다. 그러면 크게 신경 쓰지 않고, 일상적으로 WBS의 업무를 처리하는 것만으로도 스테이크 홀더들의 니즈를 충분히 반영할 수 있다.

Level 0	헬스보이 프로젝트			
Level 1	1. 실태 조사	2. 문제점 분석	3. 프로젝트 계획 수립	4. 프로젝트 진행
Level 2	1.1. 직원 비만도 조사	2.1 전사 설문	3.1 전문가 Workshop	4.1 진행 조직 구성
Level 3	1.1.1 당사 건강검진 자료	2.1.1 설문지 작성	3.1.1 워크숍 계획	4.1.1. 진행 조직 구성
	1.1.2 국민 평균 비만도	2.1.2 설문 시행	3.1.2 워크숍 실시	4.1.2 인원 차출
	1.1.3 자료 분석	2.1.3 결과 분석	3.1.3 결과 정리	4.1.3 인원 교육
	1.1.4	2.1.4	3.1.4	4.1.4
	1.2 FGI 시행	2.2. 칼로리 섭취 조사	3.2 주요 과제 도출	4.2 참가자 서약 및 교육
	1.2.1 대상 선정/계획	2.2.1 사내식당 조사	3.2.1 과제 도출	4.2.1 서약식 계획
	1.2.2 인터뷰 시행	2.2.2 회식 실태 조사	3.2.2 사내 회의	4.2.2 서약식 시행
	1.2.3 영업 전화 인터뷰	2.2.3 간식 관련 조사	3.2.3 팀장 의견 조사	4.2.3 교육
	1.2.4 결과 정리	2.2.4	3.2.4	4.2.4
	1.3 타사 사례 조사	2.3 전문가 진단	3.3. 프로젝트 시행안 수립	4.3 진행 및 중간평가
	1.3.1. 대상 선정	2.3.1 대상 선정	3.3.1 전략 방향 설정	4.3.1 진행
	1.3.2 방문	2.3.2 인터뷰 시행	3.3.2 세부 시행안	4.3.2 중간점검
	1.3.3 자료 요청	2.3.3 내부 진단	3.3.3	4.3.3 개선 시행
	1.3.4 정리/보고서	2.3.4	3.3.4	4.3.4
	1.4	2.4 사장님 1차 보고	3.4 내부 결재 및 시행 준비	4.4 최종평가 및 시상
	1.4.1	2.4.1 현황/원인	3.4.1 기획서 작성	4.4.1 최종 결과 도출
	1.4.2	2.4.2 중간 보고	3.4.2 내부 결재	4.4.2 우수 조/우수자
	1.4.3	2.4.3	3.4.3 시행 준비	4.4.3 시상
	1.4.4	2.4.4	3.4.4	4.4.4 평가 및 자료화

김성장 프로의 헬스보이 프로젝트를 프로패드에 넣어 작성하면 다음과 같이 정리할 수 있다.

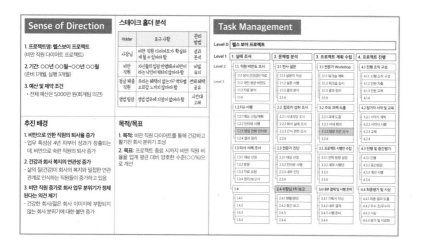

일을 나눠주는 기술: R&R 부여하기

● **김 과장의 고민**
"내 맘같이 알아서 도와주는 사람이 없어!"

비만 직원 다이어트 프로젝트로 시행된 '헬스보이 챔피언'의 최종 결과 발표회가 끝난 대강당에 김 과장이 혼자 고개를 떨군 채 눈을 질끈 감고 앉아 있다. 방금 끝난 발표회는 자신이 봤던 행사 중 최악의 행사가 돼 버렸기 때문이다. 일을 도와주러 온 선배, 동료들이 우왕좌왕하는 가운데 음향과 스크린의 소개 자료가 한두 박자 느리게 나왔다. 설상가상으로 수상자들의 순서와 시상 트로피가 맞지 않는 일까지 벌어진 것이다.

일이 제대로 돌아가지 않는다고 생각한 팀장이 뛰어다니며 선배들에게 잔소리를 퍼붓기 시작하면서 일은 더 꼬여버렸다. 트로피를 전달하던 사장의 얼굴이 일그러지면서 행사를 마치자마자 담당 임원을 째려보면서 나갔고, 임원은 팀장을 집무실로 호출했다. 일을 뭐 이렇게 하느냐고 짜증을 내며 나간 선배들 때문에 더 서러웠다.

"선배가 돼 가지고 알아서 도와주기는커녕, 뭘 자꾸 말을 안 해줬다고 짜증만 내는 거야?"

"내 맘같이 알아서 도와주는 사람 한 명도 없는 이 부서에서 계속 일을 할 수 있을까?"

"왜 나한테만 이런 일이 벌어지는 거야?"

김 과장의 머릿속은 분노와 서러움, 아쉬움, 걱정, 후회 등의 온갖 감정이 뒤섞여 패닉 상태가 되어가고 있었다. 여기서 김 과장이 간과한 것은 무엇인지 생각해보자.

R&R을 알아야 일을 '함께' 할 수 있다

선배인 전 차장이 들어본 김 과장의 업무 과정은 이랬다. 김 과장은 행사 기획과 운영 업무를 부여받고, 어떻게 하면 창의적이고 재미있는 행사를 만들 수 있을지 고민했다. 야심작을 만들어보겠다는 생각에 다양한 TV 프로그램과 타 회사의 행사 진행까지 벤치마킹하면서 고군분투했다.

전반적인 행사 기획안이 작성되고 임원의 결재까지 받고 나니 행사일이 코앞까지 다가와 있었다. 동료들에게 도움을 요청하자니 설명하는 데도 시간이 많이 걸릴 것 같아 준비는 자신이 밤을 새워 하고, 행사 당일 운영 지원만 요청했다.

행사 당일 지원 인력에게 제공된 자료는 간단한 행사 순서와 시나리오 정도였다. 준비를 위해 모인 자리에서 구두로 대충 누구는 음향, 누구는 파워포인트 자료, 누구는 시상 도우미 등을 부탁했다. 시간이 없어 리허설도 제대로 못하고 행사에 들어간 팀원들은 뭘 어떻게 해야 하는지도 모른 채 임기응변으로 대처하게 된 것이다. 김 과장은 행사를 재미있게 만들겠다는 생각에 R&R 정하는 것을 간과했던 것이다.

R&R은 'Role and Responsibilities'의 약어로 업무의 역할과 책임을 의미한다. 프로젝트 전체는 프로젝트 관리자, 즉 전체 업무 담당자가 책임을 지지만 각 단위 업무는 담당자를 지정해서 누가 어떤 활동을 담당할 것인지 정해야 한다. 각 단위 업무를 맡은 사람들이 할당된 업무를 제대로 해줘야 일 전체가 잘 진행될 수 있는 것이다. 따라서 일을 주도적으로 끌어간다는 것은 이 R&R을 잘 부여하는 것이고, 각 하위 그룹의 업무가 잘 진행될 수 있도록 모니터링하면서 지원하는 것이다. 그리고 이를 위해 다음 두 가지 사항을 고려해야 한다.

1) 부여된 활동을 수행하는 데 필요한 권한 위임이 되어 있는가?
2) 팀 멤버 외에 외부 인력의 참여가 필요한 활동은 없는가?

일을 쪼개서 위임하고, 도움을 구하고, 나의 일을 정하라

직장에서 발생하는 일은 혼자 처리할 수 있는 일상적인 업무도 있지만,

팀원들의 도움을 받아야 하는 일이 훨씬 많다. 그런데 대부분의 사람이 '누구에게 세부 업무를 위임하고, 도움을 요청할지'에 대한 고민은 간과할 때가 많다. 프로는 절대, 일을 혼자 하지 않는다.

그러면 어떻게 R&R을 정할 수 있을까?

업무를 쪼갠다

이를 위해서는 앞에서 연습했던 WBS가 중요하다. 업무를 쪼개고 분명하게 맡겨야 할 업무가 무엇인지, 어떤 결과물을 원하는지, 언제까지 필요한지에 대한 내용을 정리해야 한다.

부하직원 또는 팀원에게 맡길 수 있는 일을 위임한다

이때 중요한 것은 그에 맞는 권한이 위임되어 있는지, 또는 필요한 자원을 제공하고 있는지 검토해야 한다. 일은 많이 시키면서, 그에 맞는 예산과 권한을 주지 않는 것은 허접한 결과물과 불만만 생기게 할 뿐이다.

다른 팀이나 외부 인력에게 도움을 구해야 할 사항이 있는지, 또는 상사에게 도움을 요청할 사항은 무엇인지 검토한다

특별히 직장 초년생들이 많이 놓치는 부분이 이것이다. 직원이 가진 가장 최고의 자산은 상사다. 상사의 경험, 상사의 도움, 상사의 인맥은 우리가 얻을 수 있는 최고의 자산이다. 이러한 자산은 사전에 계획을 세워 충분한 시간과 적절한 방법으로 도움을 구하면 흔쾌히 지원받을 수 있다.

또한 이 과정을 통해 상사의 더 높은 관심을 받고, 일을 제대로 한다는 인상을 줄 수도 있다.

나의 일을 한다

부탁할 수 있는 일, 도움을 받을 수 있는 일을 먼저 위임하고 내가 해야 하는 일을 처리하기 시작한다.

맡게 되는 업무의 규모가 커지면 커질수록 R&R을 정하고 위임하는 단계는 일의 성패를 좌우할 만큼 중요하다.

아마존의 CEO 제프 베조스는 일의 규모에 따라 자신의 역할이 달라져야 하며, 역할의 변화는 곧 질문의 변화라고 말한다. 그는 "처음 내가 아마존을 시작할 때는 '이 일을 어떻게 하면 좋을까?'라는 고민으로 머릿속이 가득했지만, 회사가 커지고 사업이 성장함에 따라 '무슨 사업으로 확장할 수 있을까?'로 질문이 바뀌었다"고 한다. 그리고 "이제는 그런 부분까지도 '누구에게 위임하는 것이 좋을까?'라는 고민을 하고 있다"고 말한다.

일의 규모가 커질수록 질문은 'How'에서 'What'으로, 다시 'Who'로 변해야 한다. 'Who'에 대한 기술이 바로 R&R이다.

소요 자원 예측하기: 시간과 비용 산출하기

● 김 과장의 질문

"처음 해보는 업무라서 시간이 얼마나 걸릴지
비용은 얼마나 필요한지 감이 안 잡히는데 어떻게 하죠?
그냥 박 선배가 쓴 문서를 보고 하면 안 되나요?"

업무에 투입되는 소요 자원 구하기

소요 자원은 주로 WBS 작성을 통해서 세분화된 단위 업무 하나하나를 완료하는 데 필요한 시간과 비용을 말한다. 즉 단위 업무 하나에 들어가는 시간과 비용을 모두 합하면 전체 소요 자원이 된다.

소요 자원을 잘 예측해야 프로젝트 목표를 관리하는 것이 가능하고, 실현될 수 있는지 판단할 수 있다. 따라서 소요 자원을 구할 때 업무와 관련된 제약 조건이나 정보들을 얼마나 구체적으로 파악할 수 있느냐에 따라 프로젝트 목표는 실현 가능성이 높아진다.

소요 자원을 구하는 방법에는 먼저 상향식과 하향식으로 구분할 수 있다.

하향식 방법

기존에 비슷한 프로젝트를 진행해본 경험이 있는 경우 이를 참고해서 프로젝트 전체의 시간과 비용을 구하는 것이다.

이전에 했던 방법과 비슷하게 시간과 비용을 구한다고 해서 유사 산정법이라고도 한다. 예를 들어, 지난해에 선배가 했던 프로젝트를 이번에 담당하게 되었을 때 이전 프로젝트에서 소요된 시간과 비용을 참고해서 예측하는 것이다. 상세하게 소요 자원을 예측하면 가장 좋지만, 시간이 부족하거나 기존의 경험과 비교해 크게 다르지 않은 프로젝트를 진행할 경우에 활용할 수 있는 방법이다.

또 다른 하향식 방법으로 모수 산정법이 있다. 과거의 실적 데이터를 근거로 수식을 만들어 구하는 방법으로, 사람이나 기계가 얼마나 일을 할 수 있는지에 대한 생산성을 기준으로 구할 수 있다.

예를 들어, 한 사람이 하루에 200평의 밭을 제초한다고 가정했을 때, 5,000평의 밭을 제초할 때 소요되는 기간은 25일이다. 이를 5명의 인원을 투입해서 진행한다면, 5일이 소요된다는 것을 예상할 수 있다. 이처럼 정량적으로 측정 가능한 부분을 활용하여 업무 진행 시 소요되는 시간을 산정할 수 있다.

> **5,000평 제초 시 소요시간(1명 작업량 : 200평/일)**
>
> - 5,000평 ÷ 200평 = 25일
> - (5,000평 ÷ 200평) ÷ 5명 = 5일

모수 산정법의 정확성을 높이려면 다음 두 가지를 먼저 확인해야 한다.

1) 수식에 들어가는 데이터의 정확성이 높아야 한다.
2) 수식에 들어가는 대상은 객관적으로 측정 가능한 것이어야 한다(예: 생산 수량, 기계 수 등).

상향식 방법

앞에서 작성한 WBS를 기준으로 가장 아래에 위치한 각각의 작업을 하는 데 들어가는 시간과 비용을 구한다. 그런 다음 레벨별로 그룹핑된 작업의 시간과 비용을 더해가는 방법이다.

세부 업무부터 시간과 비용을 구하기 때문에 하향식 방법보다 구체적이고 신뢰도가 높다.

김 과장의 경우는 선배인 박 과장이 기존에 실행했던 유사한 업무가 있기 때문에 이를 참고하여 하향식 방법으로 시간과 비용을 산정할 수 있다. 하지만 자신이 새롭게 맡은 일이니만큼 상향식 방법을 활용해서 단위 업무별 시간과 비용을 계산해본다면 업무를 보다 꼼꼼하게 파악할 수 있을 것이다.

제약 조건 검토하기

소요되는 시간과 비용을 계산할 때는 제약 조건을 반드시 검토해야 한다. 시간과 비용은 우리가 일을 할 수 있게 하는 자원이기도 하지만 제약의 대상이 되기도 한다.

기존에 진행했던 프로젝트와 비슷한 프로젝트를 진행할 때에는 이전 프로젝트와 달라진 상황(시간, 비용, 인력, 스테이크 홀더)을 다시 한번 확인하고, 변화된 상황을 감안하여 계획에 반영해야 한다. 프로젝트는 항상 불확실성이 있지만, 소요되는 시간과 비용 그리고 인력 등에 변화가 적을수록 불확실성은 줄어든다.

프로젝트를 수행하다 보면 제약 요인만 있는 것이 아니라 여유 요인도 있다. 제약 조건을 확인할 때 여유가 있는 자원도 함께 확인한다. 여유 요인을 활용하여 제약 조건을 만회할 수 있기 때문에 계획 단계에서 꼼꼼히 확인해보는 것이 좋다. 예를 들어, A라는 업무를 계획한다고 할 때 팀원 한 명이 해당 기간에 출장을 가야 한다면 인력 공백이 생기게 된다. 그런데 예산을 검토해보니 예비 비용이 배정되어 있어 외부 전문가를 활용할 수 있다. 이 경우 출장으로 인한 공백은 제약 조건이지만, 예비비는 여유 요인으로 작용하여 제약 조건을 만회할 수 있게 된다.

물론 현실에서는 시간, 비용, 인력 모두가 제약 요인인 것처럼 느껴질 때가 많다. 그 이유는 많은 이해관계자가 주어진 일정과 자원으로 예산은 절감하고 품질은 좋게 만들기를 원하기 때문이다.

이러한 관행에 적절히 대처하기 위해서는 WBS를 통해 일을 세분화하고, 작업에 들어가는 자원을 상세히 계산해야 한다. 그렇지 않으면 대부분의 담당자는 품질을 희생하게 된다. 왜냐하면 납기는 맞춰야 하고, 예산은 초과할 수 없고, 인력도 제한적이기 때문에 쉽게 눈에 띄지 않는 품질을 희생하게 되는 것이다. 결국 프로젝트 목표를 달성하지 못하거나, 허접한 결과물만 양산하는 결과로 이어질 수 있다는 점을 명심해야 한다.

소프트웨어 프로젝트 개발의 구루인 스티브 맥코넬은 "자원 산정에서 발생된 오차가 20% 이내라면 프로젝트 관리자와 팀원의 역량으로 만회할 수 있지만 그 이상은 어렵다"고 말하면서 소요되는 자원을 잘 계산하는 것이 얼마나 중요한지를 설명했다. 따라서 프로젝트 관리자는 반드시 계획 단계에서 이런 부분을 파악하여 경영진의 의사결정을 받아야 한다.

나명석 대리의
자원 배분과 R&R

나명석 대리는 해피 웨딩 프로젝트를 위해 도출한 업무에 R&R을 부여하려고 한다. R&R을 부여할 때는 업무를 담당할 담당자의 능력과 여건을 고려하여 작성해야 한다. 외부 인력의 참여가 필요한 부분이 있다면 적합한 업체를 선정하는 일과 이에 대한 비용 산정이 동시에 발생할 수 있다.

소요 자원 배정은 먼저 결혼한 선배들과 웨딩 플래너의 의견을 다양하게 듣고 반영했다. 앞에서 설명한 유사 산정법을 활용한 것이다. 결혼식이 13주 남은 시점에서 여유를 부릴 사정은 아니지만 예비신부와 상의해서 먼저 세부 이벤트별로 소요되는 일정을 산출하였다. 소요되는 비용은 각 항목에서 사용할 수 있는 최대 금액을 기준으로 산출하였다.

R&R을 부여하기 전에 담당자와 충분한 협의를 통해 진행하면 프로젝트 진행 중 발생할 수 있는 리스크와 마찰을 줄일 수 있다. 결혼 준비가 잘 진행되고, 또 누가 주로 진행할지를 확인하기 좋게 단위 업무를 주(主)담당자와 부(副)담당자로 구분해서 상호 보완적으로 배정했다. 예비신부에게 현재 나명석 대리가 작성한 R&R 표를 보여주니 예비신부는 결혼 준비를 주도적으로 챙길 뿐만 아니라 한눈에 알아보기 쉽게 정리까지 해줘서 고맙고 든든하다고 말했다. 고생한 보람이 있다. 결혼식 준비를 위한 R&R과 소요 자원 산정을 통해 계획이 점점 완벽해지고 있다.

● 해피 웨딩 프로젝트 R&R 및 소요 자원 산정 ●

Level 1	Level 2	소요자원 산출(단위: 만 원)		R&R			
		Day	비용	나	아내	업체	기타
1. 인사	1. 프러포즈	3	50	주			
	2. 상견례	1	50	주	부		
	3. 지인 인사 및 청첩장	3	30	부	주	주	
2. 거주 준비 (1-신혼집)	1. 신혼집 물색	30	10	주	부		
	2. 신혼집 선정/계약	3	15,000	주	부		
	3. 인테리어 및 청소	10	200	부	주	주	
	4. 리스크	10	0	주			
3. 거주 준비 (2-혼수)	1. 가전제품	5	500		주		장모님
	2. 가구	5	500		주		장모님
	3. 식기 등 기타	3	200		주		장모님
	4. 예단	3	200	부	주		장모님
4. 결혼식 준비	1. 예식장 대여	5	0	부	주	주	
	2. 식사/데코 준비		0	부	주	주	
	3. 스/드/메	3	100	부	주	주	
	4. 촬영/주례/축가 섭외	3	30	부	주	주	
	5. 결혼식 관련 최종 점검	1	0	주	부		
5. 신혼여행	1. 여행지 합의	3	0	주			
	2. 프로그램 계약	1	400	주	부		
	3. 물품 준비	2	30	주	부		
6. 결혼 후 인사	1. 양가 부모님	2	30	주			
	2. 회사	1	10	주			
	3. 친구 및 친척	1	0	주			

김성장 프로의
자원 배분과 R&R

김성장 프로는 이 일을 진행하기 위해 어떻게 팀원들과 일을 배분할지 고민한다.

이 일을 함께 추진하고 있는 왕똑똑 사원, 홍길동 대리와 주로 일을 배분하기로 한다. 왕똑똑 사원은 똑똑하기는 하지만, 아직 업무 경험이 많지 않기 때문에 주로 홍길동 대리와 김성장 프로가 업무의 주가 되고 왕똑똑 사원을 부로 배치했다. 그리고 작년에 유사한 프로젝트를 진행했던 최지원 과장의 도움을 받기로 했다. 그래서 최 과장은 대부분의 업무에 부의 형태로 참여하게 하였다.

자원 산출을 위해서는 유사 산정법으로 진행하기로 했다. 작년에 했던 유사 프로젝트 자료와 타사의 프로그램 자료가 많은 도움이 되었다. 이를 통해 업무 관련 R&R과 자원 배분을 다음 표로 정리할 수 있었다.

항목 1	항목 2	소요자원 산출(단위: 만 원)		R&R				비고
		Day	비용	왕	홍	김	최	
실태 조사	비만도 조사	3	10		주		부	
	FGI 시행	3	20	부		주		
	자료 분석	2	0	주		부		
문제점 분석	전사 설문	7	100	부		주		
	섭취 칼로리 조사	3	10		주	부		
	전문가 진단	3	100			주	부	
계획 수립	전문가 Workshop	2	100	부			주	
	주요 과제 도출	1	10	부		주		
	시행안 수립	3	0			주	부	
	내부 결재/준비	2	0			주		
프로젝트 진행	프로젝트 진행 조직 구성	3	0	주			부	
	참가자 서약/교육	2	10			주		
	진행 및 중간평가	90	4,000		부	주		
	최종평가 및 시상	2	50			주	부	
사후 처리	평가 및 자료화	5	0	주			부	
	비용 정산	2	10			주		

* 인원: 왕-왕똑똑 사원, 홍-홍길동 대리, 최-최지원 과장, 김-김성장 프로

MECE

(Mutually Exclusive and Collectively Exhaustive)

MECE는 글로벌 컨설팅사인 맥킨지의 분석 기법이다. 이 기법의 핵심은 중복과 누락이 없도록 분석하는 것이다. 즉 상호 배타적인 각 부분을 합하여 전체가 되도록 구성하는 것을 말한다.

기업의 경영활동에는 시간, 비용, 인력과 같은 자원이 한정되어 있다는 전제가 있다. 제한된 환경에서 어떤 일을 해나가는 데 있어 누락이나 중복은 활동의 효과와 효율을 떨어뜨리게 한다. 이 같은 오류를 방지하기 위해 MECE 기법을 활용한다. MECE는 문제를 세부적으로 쪼개는 것에만 국한되는 것이 아니라, MECE를 하는 이유에 대해 생각하고 그에 맞게 기법을 적용하는 것이 필요하다.

MECE도 만병통치약은 아니다. '전체는 부분의 합'이라는 전제가 설명되지 않는 경우나, 세부적 분류에 명확한 기준이 없는 경우는 MECE를 적용하는 데 한계가 있다. 또한 문제해결 방법이 전체 집합의 외부에 존재할 경우에도 적용이 어려울 수 있다.

MECE하게 접근하는 방법

1. 대립형: 서로 대립되는 개념의 용어로 정리

찬성과 반대, 강점과 약점, 기회와 위협, 긍정과 부정, 기존과 신규 등

2. 곱하기형: 대상을 요인별로 인수분해하여 나누는 방식으로 정리

매출=단가×수량, 영업이익=매출액×영업이익률 등

3. 더하기형: 대상을 구성하는 요인을 더하는 방식으로 정리

- 3C: Customer(고객), competitor(경쟁사), Company(회사)
- 7S: Shared Value(공유가치), Strategy(전략), Structure(구조), System(시스템), Skill(기술), Staff(직원), Style(스타일)
- 4P: Place(장소), Price(가격), Product(제품), Promotion(프로모션)
- 4M: Man(사람), Machine(기계), Material(재료), Method(방법)

4. 프로세스형: 시간의 흐름, 절차, 단계의 순서를 나타내는 방식으로 정리

Plan(계획)-Do(실행)-See(평가), DMAIC, Business System, Value Chain, Product Life Cycle(제품수명주기): 도입기-성장기-성숙기-쇠퇴기

▶ 함께 보면 좋은 책

《맥킨지 문제 해결의 이론》, 다카스기 히사타카 지음
《로지컬씽킹의 기술》, HR인스티튜트 지음

4장

Adjust Priority:
우선순위 조정

빈틈없이 업무를 진행하는 프로 일잘러의 작업 일정 관리

업무에 대한 일정과 마감일은 모든 직장인의 업무 패턴을 규정하는 중요한 요인이다. 직장에서 주어지는 대부분의 업무는 담당자의 의지에 따라 일정을 정할 수 있도록 주어지는 것이 아니라, 언제까지 꼭 끝내야 하는 납기가 주어진다. 업무 납기는 선택 사항이 아니라 필수 사항이기 때문에 직장인에게는 스트레스로 작용한다. 하지만 현장에서 납기는 원가와 품질 못지않게 중요한 부분임을 명심하자.

원가와 품질을 희생하지 않으면서 납기를 지키기 위해서는 작업 일정을 관리하는 기술이 있어야 한다. 작업 일정을 관리할 수 있는 기술이 있는지 없는지에 따라 일을 주도하는 일잘러가 될 수도 있고, 매번 일에 끌려다니는 일못러가 될 수 있다. 일못러들의 특징은 일을 받은 초기에는 항상 여유로워 보이지만 마감일이 가까워져 오면 정신없이 야근을 하고, 결국에는 납기일에 조직에서 원하는 결과를 만들어내지 못한다. 이것은 일을 파악하고 계획하는 역량도 부족하지만, 특히 일정 관리를 어떻게 해야 하는지에 대한 개념이 없기 때문이다.

이번 장에서는 빈틈없는 업무를 진행하기 위해 필요한 작업 일정 관리에 대해 알아보자.

작업 사이의 관계를
꿰뚫는 법

● **김 과장의 고민**
"팀장님께서 업무 진행 사항을 팀원들과 공유하자고 하는데,
중간 점검이긴 하지만 이대로 공유하기엔 뭔가 부족해.
WBS도 작성했고, 단위 업무에 소요되는 시간과 비용도 산정했는데
팀원들이 한눈에 계획을 볼 수 있도록 하려면 어떻게 해야 할까?"

WBS 작성을 통해 도출된 활동들은 마감일에 맞춰 단위 업무들의 추진 일정을 수립해야 한다. 이를 일정 계획이라고 하는데 누가, 무엇을, 언제까지 하겠다는 계획을 세우는 것을 말한다. 뻔한 것 같지만, 일정 계획은 왜 중요할까? 일정 계획 수립의 의미는 다음 다섯 가지 측면에서 중요한 의미가 있다.

1) **팀원들과 함께 언제까지 일을 완료하겠다는 상호 간의 약속**: 언제, 어떤 일을, 어떻게 준비할지 서로 공유하는 약속이 된다.
2) **팀원의 업무 진척 사항을 모니터링하는 기준**: 관리자는 이를 통해 업무의 진행 상황을 알 수 있고, 추후 어떤 일이 진행될지 예측할 수 있다.
3) **업무 내용 공유**: 누가, 무슨 일을, 어디까지 했는지 알 수 있다.

4) 이해관계자의 기대 수준 관리: 이해관계자들이 언제까지, 어떤 수준으로 일이 진행될지 이해할 수 있다.

5) 불확실성 관리: 업무의 진도를 확인할 수 있고, 리스크가 발생했을 때 업무 관계의 조정을 통해 문제를 해결할 수 있다.

일정 계획 수립의 원리: 작업 사이의 관계를 꿰뚫어야 한다

일정 계획을 제대로 수립하기 위해서는 단위 작업들 간의 관계가 중요하다. 마치 라면을 끓일 때 먼저 물을 끓이고, 면을 넣는 것처럼 일에는 순서가 있다. 작업 간의 관계를 명확하게 파악하지 않으면 일이 뒤죽박죽되기 쉽다. 반면에 작업 간의 관계를 제대로 알면 작업 시간을 획기적으로 단축할 수 있다.

활동들의 선행과 후행, 병행 작업의 결정(단위 작업의 관계를 파악)

활동에는 세 가지 관계가 있다. 선행, 후행, 병행!

예를 들어보자. 당신은 친구들과 술자리에 있다. 이때 당신이 해야 할 활동들은 다음의 다섯 가지다.

① 화제 생각하기, ② 맥주병 따기, ③ 마시기, ④ 컵에 따르기, ⑤ 안주 주문하기

이 중에서 일의 순서가 반드시 지켜져야 할 작업들이 있다. 무엇일까?

술을 가까이하지 않는 사람이라도 누구나 알 수 있다. 바로 ②, ③, ④이

다. 이것도 선행과 후행의 순서를 따른다면 ② → ④ → ③이다. ①과 ⑤
는 특별한 순서가 필요 없다. 그리고 다른 작업들과 함께할 수 있다. 이것
은 '병행'이 가능한 일이다.

각 활동의 필요 기간 산정

각 활동의 선행과 후행, 병행을 정했다면, 이제 각 활동에 필요한 기간
을 확인한다. 사전에 활동별 필요한 기간을 산정해두었다면 이 과정을 별
도로 거칠 필요는 없다.

각 활동들에 대한 시작 일정과 완료 일정 확정

이제 각 활동들의 시작과 완료 일정을 가시적으로 표시해야 한다. 이를
통해 당신은 업무 관계가 한눈에 보일 수 있도록 정리할 수 있고, 이 순서
로 업무를 진행하기만 하면 효과적으로 일을 처리할 수 있다.

작업의 정석: 간트(Gantt) 차트

차트를 활용하여 정리하면 일정 계획 수립을 한눈에 볼 수 있다. 이때 가
장 많이 사용되는 것이 간트 차트다. 기업이나 공공기관에서 프로젝트를
진행할 때 계획 품의서나 중간 보고서에 많이 활용되는 차트이다. 간단하
고 한눈에 작업과 진척 사항, 작업 간의 순서를 알 수 있도록 표현하여 작
업 관리에 효과적이다.

세로축에는 단위 작업을 표기하고, 가로축에는 시간(일정)을 표기한다. 또 마지막 부분에 주(主)담당과 부(副)담당을 넣으면 어떤 업무(What)가 언제까지(When), 누구(Who)에 의해서 진행되어야 하는지 명확해진다.

● 서버 리뉴얼 프로젝트 간트 차트 예시 ●

주요 과업	4/30~ 5/6	5/7~ 5/13	5/14~ 5/20	5/21~ 5/27	5/28~ 6/3	6/4~ 6/10	6/11~ 6/17	주
새로운 서버 설치								김 과장
장비 확보								이 과장
장비 설치								김 대리
장비 테스트								김 과장
새로운 장비 가동								김 과장
테스팅 반복								김 대리
예전 장비 폐기								이 과장
프로세스 평가								김 과장

이러한 간트 차트는 한눈에 작업 일정을 볼 수 있다는 장점이 있으나 단점도 있다. 한 작업의 변화가 다른 작업에 미치는 영향을 보여주기 쉽지 않다는 점이다. 예를 들어, 차트에서 장비 확보가 한 주 지연되었다. 그렇다면 당연히 장비의 설치, 테스트도 지연되기 마련이다. 만약 이것을

이 과장이 김 대리에게 알려주는 것을 잊었다면 김 대리는 이번 주 내내 불필요한 작업 대기에 들어갈 확률이 높다. 이런 문제를 해소하기 위해 간트 차트의 막대 사이에 화살표를 표시한다.

주요 과업	4/30~ 5/6	5/7~ 5/13	5/14~ 5/20	5/21~ 5/27	5/28~ 6/3	6/4~ 6/10	6/11~ 6/17	주
새로운 서버 설치	■							김 과장
장비 확보		■						이 과장
장비 설치			■					김 대리
장비 테스트				■				김 과장
새로운 장비 가동					■			김 과장
테스팅 반복					■			김 대리
예전 장비 폐기						■		이 과장
프로세스 평가							■	김 과장

나명석 대리의 사례를 통해 일정 계획 수립에 대해 생각해보자. 나명석 대리가 결혼식을 진행하기 위한 WBS를 작성하고 필요한 기간과 비용을 표로 정리해보았다. 기간이 넉넉하게 남아 있다면 아무런 문제가 없다. 그냥 진행되는 대로 하면 된다. 그런데 결혼식을 앞당기면 결혼식 비용을 절감해주겠다는 결혼식장의 제안을 받았다. 나명석 대리는 결혼식을 며칠 정도 당겨서 할 수 있을까?

● 나명석 대리의 결혼 진행표 ●

| Level 1 | Level 2 | 소요자원 산출(단위: 만 원) | | R&R |
		Day	비용	
1. 인사	1. 프러포즈	3	50	나
	2. 상견례	1	50	나, 예비신부
	3. 지인 인사 및 청첩장	3	30	나, 예비신부, 전문업체
2. 신혼집 준비	1. 신혼 집 물색	30	10	나, 예비신부
	2. 신혼 집 선정 / 계약	3	15,000	나, 예비신부
	3. 인테리어 및 청소	10	200	나, 예비신부, 청소업체
	4. RISK	10	0	나
3. 혼수 준비	1. 가전 제품	5	500	예비신부
	2. 가구	5	500	예비신부, 장모님
	3. 식기 등 기타	3	200	예비신부, 장모님
	4. 예단	3	200	예비신부, 나
4. 결혼식 준비	1. 예식장 대여	5	0	나, 예비신부, 전문업체
	2. 식사/데코 준비		0	나, 예비신부, 전문업체
	3. 스/드/메	3	100	나, 예비신부, 전문업체
	4. 촬영/주례/축가 섭외	3	30	나, 예비신부, 전문업체
	5. 결혼식 관련 최종점검	1	0	나, 예비신부
5. 신혼여행 준비	1. 여행지 협의	3	0	나, 예비신부, 여행업체
	2. 프로그램 계약	1	400	나
	3. 물품 준비	2	30	나, 예비신부
6. 인사	1. 양가 부모님	2	30	나, 예비신부
	2. 회사	1	10	나
	3. 친구 및 친척	1	0	나

만약에 일을 순서대로 진행한다면 6번 항목의 인사를 제외하고 94일이 걸린다. 일을 성실하게 해도 그게 베스트다. 그러면 생각해보자. 일에서 병행이 가능한 부분은 없을까? 작업상 2번 신혼집 준비와 혼수 준비는 선행-후행의 관계가 적절하다. 그러나 결혼식 준비와 신혼여행 준비는 병행이 가능하다. 일을 이렇게 추진하면 결혼 준비는 76일로 줄어든다.

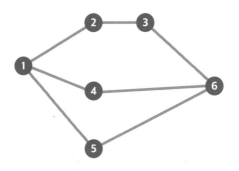

더 줄일 방법은 없을까? 가능한 부분이 있다. 3번 혼수 준비의 네 가지 항목(가전제품, 가구, 식기 등 기타 예단)은 병행이 가능하다. 그렇다면 16일이 5일로 줄어들 수 있다. 즉 성실하게 일하는 것, 그 이전에 어떻게 작업할 것인지 작업 관계를 파악하는 것이 시간을 단축하고 효율적으로 일할 수 있는 일잘러의 비법이다.

일정 계획 수립을 좀 더 쉽게 이해하기 위해 '손 차장의 아빠 노릇 프로젝트' 사례를 통해 학습해보자. 일잘러의 공식은 언제든 접목이 가능하고, 처음 하는 일이라도 나름 성과를 만들어낸다는 것을 공감할 수 있을 것이다.

손 차장의 '아빠 노릇 프로젝트' 일정 계획 수립하기

》 Case Study

IT부서에서 개발 업무를 담당하는 손 차장은 최근 2주 동안 업체 미팅과 회식, 조문 등으로 늦게 귀가했다. 아니나 다를까, 금요일 출근길에 함께 출근하던 아내가 "오늘은 일찍 들어와서 아이들에게 아빠 노릇이라도 좀 하라"는 지시를 했다. 바쁜 업무가 일단락된 늦은 오전, 커피를 한 잔 마시던 손 차장은 오랜만에 가족들에게 요리를 해줘야겠다는 생각에 스마트폰으로 요리를 검색했다. 몇 가지를 찾아보다 스케일이 어느 정도 되면서도 아이들과 아내의 입맛에 딱 맞고 난이도도 그리 어렵지 않겠다 싶은 아이템을 찾아냈다. 이름하여 '비빔면 풀코스!'

비빔면 위에 토핑으로 항정살 구이, 오징어 숙회, 군만두, 계란말이, 열무김치가 올려져 보기만 해도 푸짐하고, 새콤달콤한 비빔면에 각종 토핑을 얹어 먹는 상상을 하니 마른 입에 생기가 돌았다.

동영상을 보며 필요한 재료를 적었다. 점심시간에 온라인 마트 앱에 들어가 재료를 구매하고 집으로 배달을 신청했다. 업무 중간중간 짬을 내어 영상을 통해 요리법을 익히고 있는데, 보면 볼수록 '이 많은 토핑을 언제 다 준비하지?'라는 생각이 들었다. 손 차장이 처음 가졌던 자신감은 한여름 해를 마주한 아이스크림처럼 줄줄 녹아내렸다. '비빔면 풀코스' 요리법을 한눈에 보려면 어떻게 해야 할지 고민하던 손 차장은 갑자기 떠오른 아이디어에 물개 박수를 쳤다. 앞자리에 앉은 김 대리가 "차장님, 뭐가 그렇게 좋으세요?"라고 묻는다.

손 차장이 '아빠 노릇 프로젝트'를 위해 각각의 토핑 요리를 분할하고 토핑별 요리 시간을 산정했다. 물론, 아빠 노릇 프로젝트에 투입될 가용 자원을 먼저 파악했다. 요리 시간을 좌우할 가용 자원은 4구짜리 가스레

인지와 인적 자원인 손 차장 자신뿐이었다. 프로젝트의 범위는 요리, 식사, 설거지까지 포함한다. 요리와 설거지에 아내를 동원하게 되면 "앓느니 죽겠다"라는 말을 들을 수 있으므로, 아내는 이번 프로젝트의 가용 인력에서 제외했다. 아빠 노릇 프로젝트의 소요 시간과 작업 순서를 분석한 결과는 다음과 같다.

작업 ID	작업	작업 시간	선행 작업
1.1	오징어 숙회	20분	
1.2	계란말이	10분	
1.3	군만두	15분	
1.4	항정살 구이	10분	
1.5	비빔면	10분	
2	플레이팅, 테이블 세팅	5분	1.1~1.5
3	식사	35분	2
4	설거지	30분	3

현재 작업 ID 1과 2, 3, 4는 모두 선행과 후행이 분명한 작업이다.

만약, 급한 일이 생겨서 시간을 단축해야 한다면 어떻게 하면 좋을까?

작업 ID 1에서 혹시 병행할 수 있는 일이 있는지 확인해볼 수 있다. 예를 들어, 오징어 숙회를 준비하면서 비빔면의 물을 끓이고, 계란말이를 하는 등 한꺼번에 여러 개의 작업을 하면 시간을 획기적으로 단축할 수 있다. 물론, 요리의 달인이어야 가능한 얘기겠지만….

작업의 순서를 알고, 각 작업에 들어가는 시간을 파악할 수 있다면 이 것을 한눈에 표시하는 방법을 알 수 있다. 손 차장이 심혈을 기울여서 만 든 비빔면의 모든 작업 프로세스는 다음과 같이 간트 차트로 한눈에 보기 좋게 정리할 수 있다.

	작업	10	20	30	40	50	60	70	80	90	100	110	120	130
1.1	오징어 숙회	■	■											
1.2	계란말이			■										
1.3	군만두					■								
1.4	항정살 구이					■								
1.5	비빔면						■							
2	플레이팅, 테이블 세팅							■						
3	식사								■	■	■			
4	설거지											■	■	■

핵심을 놓치지 않는
PERT와 Critical Path

● 김 과장의 생각
"작업 관계가 한눈에 들어오도록 표현할 수 있는 방법이 없을까?"

여러 일을 진행하다 보면, 중심을 잡기가 어렵다. 특히 상황마다 의사결정을 해야 하고, 조율을 해야 하는 자리에 있다면 더욱더 중심을 잡는 능력이 필요하다. 그리고 전체 업무 관계를 한눈에 살필 수 있어야 한다. 이때 한눈에 살필 수 있는 능력을 갖게 해주는 것이 PERT 차트와 Critical Path(크리티컬 패스)다.

PERT 차트

프로젝트에서 많이 활용되는 PERT 차트가 있다. PERT는 'Program Evaluation and Review Technique'의 약어로 원래는 미해군의 미사일

개발 프로젝트를 관리하기 위해 개발되었다. 전체 명칭을 보면 대략적으로 의미를 알 수 있듯이 작업을 평가하고 검토하기 위한 기법으로 작업 내용을 명확히 알 수 없을 때 정확한 일정을 산정하기 위한 방식으로 많이 사용된다. 앞에서 언급했던 산정법을 중심으로 각 활동의 기간을 산정하고 전체 업무를 진행하는 데 얼마나 소요되고, 어떤 방식으로 최적화할지에 대한 용도로 사용될 수 있다. 정확한 사용을 위해서는 통계 등의 수학적 기법이 활용되기도 한다.

그러나 굳이 수학적 기법의 활용 없이도 PERT 차트의 사용이 가능하고, 이 차트를 활용하면 일 전체를 한눈에 볼 수 있다는 이점이 있다. PERT 차트를 활용하는 방식은 다음과 같다.

1단계: 프로젝트에 진행되는 다양한 업무의 관계를 파악

앞에서 살펴보았던 나 대리의 해피 웨딩 프로젝트이다. 결혼식 준비를 위해 해야 하는 활동들을 다음과 같은 표로 정리해볼 수 있다. 필요한 각 활동들이 어떤 연관성을 가지고 있는지, 선행과 후행의 관계를 정리하는 것이다.

필요 활동	Day	선행 업무
1. 프러포즈	3	
2. 상견례	1	1
3. 지인 인사 및 청첩장	3	2, 11
4. 신혼 집 물색	30	1
5. 신혼 집 선정/계약	3	4
6. 인테리어 및 청소	10	5

7. 가전제품	5	5
8. 가구	5	5
9. 식기 등 기타	3	5
10. 예단	3	2
11. 예식장 대여	5	2
12. 식사/데코 준비	5	11
13. 스/드/메	3	11
14. 결혼식	1	3, 12, 13
15. 신혼집 준비 완료	1	6,7,8,9

2단계: 관계의 선행, 후행, 병행 관계에 따라서 업무를 나열하여 연결

앞에서 살펴보았던 각 활동들의 내역을 선행, 후행, 병행으로 나열해서 업무를 다음과 같은 그림으로 정리할 수 있다.

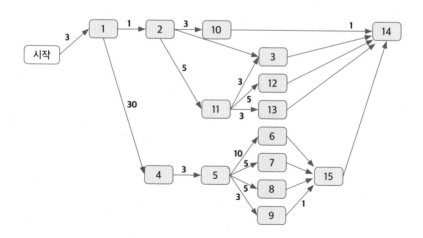

3단계: 전체의 네트워크 그림으로 완성

앞의 그림에 각각의 활동을 위해 필요한 시간들을 적으면 PERT 차트가 완성된다. 각각의 활동들이 어떻게 연결되어 있는지, 언제 작업이 몰리는지, 병목 현상이 어디에서 일어나는지를 한눈에 볼 수 있다.

Critical Path

Critical Path는 PERT 차트와 함께 활용하는 일정 관리 기법이다. 우리말로는 '임계경로'라고 하고, CPM(Critical Path Method)으로도 부른다. Critical Path는 총 프로젝트의 기간을 결정짓는 작업 공정을 말한다.

프로젝트 일정이 여유 있게 주어지지 않을 경우 이 Critical Path를 중심으로 비용과 자원을 투입하고 일정 계획을 수립한다. 따라서 Critical Path상의 단위 업무가 일정을 준수하지 못하면 전체 프로젝트 일정에 차질이 생길 수 있다.

예를 들어, 나 대리의 PERT를 생각해보자.

나 대리가 결혼 일정과 관련해서 세심하게 준비해야 할 구간은 어디일까? 1 → 2 → 10 → 14 구간에 신경을 많이 쓰는 것은 헛힘을 쓰는 것이다. 이 구간은 일정을 당겨도 큰 이점이 없고, 심지어 늦춰져도 전체의 일정에 영향을 미치지 않는다. 나 대리가 가장 관심을 가져야 하는 구간은 1 → 4 → 5 → 6 → 15 → 14 구간이다. 여기에서 차질이 생기면 전체 일정이 늦춰지는 원인이 되기 때문이다. 따라서 이 구간의 활동은 촘촘히 보고 관리할 필요가 있다.

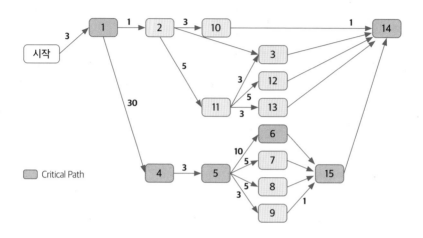

PERT를 그리면 전체의 관계가 한눈에 들어온다.

Critical Path를 완성하면, 어디에 힘을 주고, 주의를 기울여야 하는지 알 수 있다. 전체를 한눈에 보는 것, 그리고 힘을 주어야 할 곳을 확실히 아는 것! 이것이 일의 중심을 확고히 잡는 비결이다.

작업 일정
최적화 기술

● 김 과장의 고민
"어떻게 작업 일정을 단축할 수 있을까?"

언제나 일은 많다. 그러나 일잘러는 고객의 기대보다 더 빠르게 결과물을 줄 수 있다. 매번 약속된 시간을 넘겨서 결과물을 가지고 가는 사람은 열심히 하고도 좋은 소리를 듣지 못한다. 그렇다면 어떻게 일정을 당길 수 있을까? 어떻게 일정을 최적화할 수 있을까?

일정 계획을 위한 Critical Path까지 작성했다면, 마지막으로 일정 계획이 최적화되어 있는지 확인해야 한다. 일정 계획을 수립할 때는 프로젝트 일정 중 발생할 수 있는 돌발 상황이나 리스크를 관리하기 위해 최대한 면밀하게 확인해야 한다.

하지만 프로젝트 계획은 아직 구현된 것이 아니기 때문에 어디까지나 추정일 뿐이다. 따라서 아무리 차트에 수립된 일정 계획이 복잡하고 정교해 보일지라도 100% 정확한 일정은 아니라는 것을 기억하자.

《Manage it!》의 저자이자 경영 컨설턴트인 요안나 로스먼(Johanna Rothman)은 "간트 차트의 수려함이 사람들의 눈을 가려 일정이 단지 추정이라는 사실을 잊게 해서는 안 된다"라고 말했다.

작업 일정을 최적화한다는 것은 일정 수준의 신뢰성을 확보한 일정 계획을 가지고 프로젝트를 수행하면서, 목표를 맞추기 위해 계획을 조정 혹은 변경하는 노력도 함께해야 한다는 것을 의미한다. 작업 일정 최적화를 위해서 우선적으로 검토해야 할 것이 있다.

일정 최적화를 위한 검토 사항

병목 구간을 확인하자

프로젝트 전체의 일정에서 업무의 지연을 초래하거나, 초래할 가능성이 있는 구간을 확인하고 이에 대한 대책을 세워야 한다. 특히 희소자원(Critical resource)의 가용성 문제로 병목 현상이 발생할 수 있는 부분을 확인한다.

오류나 간과한 요소가 있는지 확인하자

일정에 대한 계산이 현실적인지 또는 업무의 관계들이 정확하게 설정되어 있는지 확인한다. 그리고 중요한 요소가 누락된 것이 없는지 검토해야 한다.

- 업무 시작 시점에서 예상하지 못했던 작업
- 연휴 전후의 생산성 저하
- 본사나 고객의 각종 자료 요청에 대응하는 시간
- 파트너 업체나 고객사의 행정 처리 시간
- 작업별 검토, 보완 시간

쏠림 현상(작업량의 불균형, 막판에 쏠림)이 있는지 확인하자

사전에 중간 목표를 설정하여 작업이 막바지에 몰리는 것을 방지할 필요가 있다. 또한 작업이 불균형하게 할당되는 것을 막고 특정 인원에게 업무가 몰리는 현상을 지속적으로 확인해야 한다.

일정을 단축하는 법

고객이 갑자기 일정을 단축하고 싶다고 한다. 이럴 경우 일잘러는 나름의 스킬이 있다.

Critical Path를 주의 깊게 살펴본다

작업 시간을 단축하고자 한다면, Critical Path 선상에 위치한 작업을 면밀히 살필 필요가 있다. 이곳의 일정을 단축할 수 있다면 전체적인 일정이 줄어들게 된다.

병목 구간을 관리한다

병목 구간이 어디인지 사전에 확인하고, 이곳에서 지체되지 않도록 잘 관리할 필요가 있다. 병목 구간에서 지연이 발생하는 순간, 다른 모든 작업은 정지될 수밖에 없다.

단축 기법을 활용해 일정을 단축한다

단축 기법으로 활용할 수 있는 기법으로 Crashing(크래싱)과 Fast Tracking(패스트 트래킹)이 있다.

Crashing은 해당 과제에 자원을 추가하여 소요 기간을 단축하는 방법이다. 특히 Critical Path상에 위치한 작업에 자원을 추가로 투자하면 작업 일정을 줄일 수 있다. 반면 비용이나 인력이 과도하게 추가될 가능성이 크므로 이점 또한 고려해서 활용해야 한다.

Fast Tracking은 순서대로 진행할 과제를 병행하여 기간을 단축하는 방법이다. 선행-후행 관계에 있던 것을 병행해서 추진할 수밖에 없는 상황이므로 리스크가 높아지는 것을 감안해야 한다. 이 경우 세심하게 일정을 관리하지 않으면 일을 다시 해야 하는 상황이 발생하기도 한다.

자! 그럼, 지금까지 학습했던 내용들을 가지고 나명석 대리의 해피 웨딩 프로젝트에 적용해 실습해보자.

나명석 대리는 결혼식 준비를 위해서 WBS를 작성하고 각각의 활동에 대해 필요 자원을 계산했다. 현재 결혼식은 13주 남았다. 일정을 단축하기 위해서 앞에서 살펴봤던 것처럼 병행이 가능한 항목들을 반영했다. 시간이 아주 빠듯한 것은 아니기 때문에 간트 차트로 내용을 정리했다.

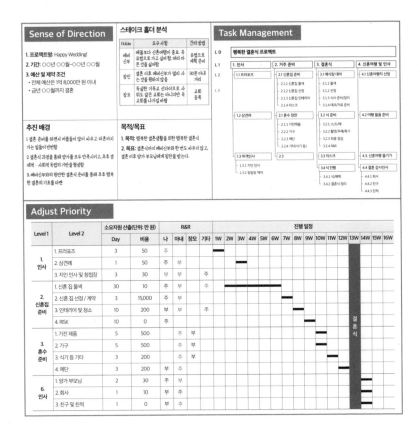

Adjust Priority

Level 1	Level 2	Day	비용	나	아내	장모	기타	진행 일정
1. 인사	1. 프러포즈	3	50	주				1W
	2. 상견례	1	50	주	부			
	3. 지인 인사 및 청첩장	3	30	부	부		주	
2. 신혼집 준비	1. 신혼 집 물색	30	10	주	부		주	
	2. 신혼 집 선정 / 계약	3	15,000	주	부			
	3. 인테리어 및 청소	10	200	부	부		주	
	4. RISK	10	0	주				
3. 혼수 준비	1. 가전 제품	5	500		주	부		
	2. 가구	5	500		주	부		
	3. 식기 등 기타	3	200		주	부		
	4. 예단	3	200	부	주			
6. 인사	1. 양가 부모님	2	30	주	부			
	2. 회사	1	10	주	부			
	3. 친구 및 친척	1	0	부	주			

한 장이지만, 전체의 일정과 주요 진행 내용들이 한눈에 들어온다. 일정에 맞춰서 상견례를 준비할 것이다. 장모님, 전문 업체에게 도움을 받아야 할 것들을 확인해서 미리 일정을 전달하고, 준비된 사위의 든든한 모습을 보여드릴 것이다.

결혼 준비, 이대로만 하면 성공이다.

한눈에 보여야
관리할 수 있다

● 김 과장의 깨달음

"박 과장의 업무 계획표를 보니 왜 주변에서
박 과장 칭찬을 입이 마르게 하는지 알겠더라고요.
일 잘한다는 소리 한 번 못 들어본 제가 봐도
모든 게 한눈에 척척 들어오더라고요."

한눈에 보이는 업무 관리 계획 체계

'볼 수 없으면 관리할 수 없다'라는 말이 있다. 보이지 않는데 무엇을 어떻게 관리할 것인가? 어떻게 생각해보면 당연한 말이다. 예를 들어, 우리 집에서도 보이지 않는 곳은 관리가 잘 되지 않기 마련이다. 눈에 잘 띄지 않는 베란다 구석에는 먼지나 곰팡이가 생기고, 옷장 깊숙한 곳에는 입지 않는 옷들이 쌓이기 마련이다. 그래서 꼭 필요하고 챙겨야 할 것들은 눈에 잘 보이는 곳에 두거나 부착해놓아야 한다.

관리할 것들이 천지인 회사에서는 반드시 목표와 계획, 진행 사항을 정량화하고 시각화하여 한눈에 볼 수 있도록 해야 한다. 특히 비대면 업무 상황에서는 이렇게 정리된 업무 관리 계획을 팀원들과 공유하면서 일을 진행해야 한다. 잘 정리된 업무 관리 계획은 직원들이 각자 다른 공간에 떨어져 일을 할 때 그 진가를 발휘한다.

　박 과장이 김 과장을 놀라게 한 것은 무엇보다 업무가 한눈에 파악되도록 작성해놓았다는 것이다. 박 과장은 단순 수명 업무를 제외한 규모가 있는 모든 업무를 한눈에 보고 이해할 수 있도록 정리해놓았다. 또한 업무에 대한 추진 배경과 목적, 이해관계자들의 요구 사항은 물론이고, WBS를 통해 일을 체계적으로 분류하고 시간과 비용, R&R에 일정 계획표까지 일목요연하게 정리해두었다. 특히 표와 그래프, 차트 등으로 시각화하여 간단해 보이지만 한눈에 확인하기에도 좋고 몇 가지 표만 가지고도 관리할 수 있도록 한 점은 박 과장 문서의 백미였다.

　일잘러 박 과장의 비법은 프로패드에 모두 들어 있었다. 단순히 A4 한 장인 것 같은데, 이 한 장을 가지고 일하는 사람과 이 한 장이 없는 사람의 성과는 차이가 크다.

상사의 질문에 대비하는 일잘러의 프로패드

앞에서 나명석 대리의 해피 웨딩 프로젝트를 실습하면서 프로패드를 작성하였다. 프로패드에 정리된 업무의 정의와 WBS, 소요 자원 산정, 일정 계획표는 다음과 같은 상사의 질문에 대응할 수 있다.

일을 시킨 상사 입장에서 항상 궁금해하고, 알고 싶은 것들은 어떤 점이 있을까? 당신이 어떤 업무를 진행할 때 상사가 묻고 있는 것, 또는 상사가 불평하는 그 모든 것을 떠올려보자. 놀라운 것은 프로패드에서는 이 질문에 대한 답이 빠짐없이 제시되고 있다는 것이다.

- 이 일을 왜 하는데?

  → **추진 배경을 명쾌하게 말하면 된다(①).**
- 다른 사람들의 요구는 왜 생각하지 않는가? 왜 이렇게 시야가 좁아?

  → **이해관계자의 요구를 분석하여 말한다(②).**
- 이 프로젝트를 하면 어떻게 되는데? 어떤 결과물이 나오는데?

  → **프로젝트의 목적과 목표를 말한다(③).**
- 왜 일에 체계가 없어? 주먹구구로 일할래?

  → **WBS를 통해 단위 업무의 구조를 보고하고 한눈에 업무의 흐름을 보여준다(④).**
- 일이 잘 배분된 거야?

  → **단위 업무별 R&R을 보고한다. 주/부담당자 설정의 근거와 업무 진행에 따른 쏠림에 대한 배려도 같이 보고한다(⑤).**
- 왜 이렇게 시간이 걸리는데? 왜 이렇게 많이 필요해?

  → **단위 업무별 소요 시간과 자원을 보고한다. 유사 산정, 모수 산정 등 자원 산정의 근거를 보고한다(⑥).**

• 일정 좀 단축할 수 없나?

→ 일정 계획표를 통해 일정을 보고하고, Critical Path를 확인해 일정 단축 가능 여부를 말한다. 또한 일정 단축을 위해 어떤 것이 필요한지 말한다.(⑦)

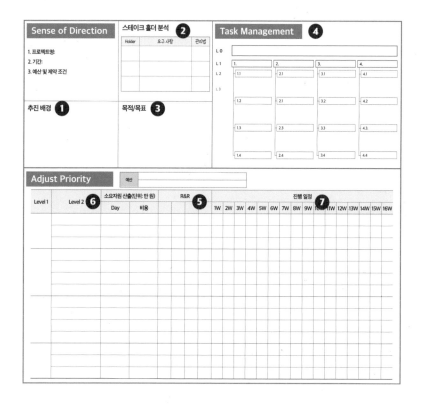

이처럼 일 잘하는 사람은 한 장으로 관리하고 한 장으로 보여준다.

예비 리더의 프로패드

프로패드를 작성할 수 있으면, 상사에게 일하는 모습을 한눈에 보여줄 수 있다. 어떤 고민의 과정을 가지고 일하고 있는지, 어떻게 해왔고, 어떻게 해나갈 것인지가 명확하다. 더 중요한 것은 프로패드가 자산으로 쌓인 사람은 시간이 갈수록 무서운 차이를 만들어갈 수 있다는 것이다.

업무가 점점 진화한다

자원을 산정할 때, WBS를 그릴 때, 시간 소요 여부에 대해 계산할 때 가장 필요한 것은 무엇일까? 이전에 했던 자료다. 안타까운 것은 그렇게 많은 워크숍을 하고, 그렇게 많은 제품 설명회를 했지만 그것을 어떻게 준비했는지에 대한 구체적인 자료는 남아 있지 않은 경우가 많다는 것이다. 그냥 몇몇 담당자의 머릿속에만 남아 있다가 시간이 지나면 그 기억마저도 사라지고 만다. 결국 어떤 순서로 일을 하고, 무엇을 빠뜨려서는 안 되는지 알고 있는 사람이 없다는 것이다. 그래서 매번 새로 시작하고 매번 맨땅에 헤딩하는 심정으로 일을 하게 된다.

이때 프로패드가 있다면 그 한 장으로 모든 준비를 할 수 있다. 어떤 순서로 진행되었는지, 어떻게 R&R을 배분하고 시간은 얼마나 걸렸는지, 어떻게 업무들을 세분했는지 프로패드 한 장 안에 다 있다.

지난 분기와 다른 모습을 만들어내고 싶다면, 지금 하고 있는 일을 프로패드에 담아라. 다음에는 더 잘할 수 있는 나를 만나게 될 것이다. 업무 현장에서 스스로 가치를 만들어가는 전문가가 될 수 있다.

업무를 가르치고 리드할 수 있다

후배들이 가장 싫어하는 선배가 배울 것이 없는 사람이다. 뭐 하나 물어보면 잘 모르고, 질문하면 짜증만 내는 선배. 이런 선배를 따르고 싶은 후배는 없다. 더군다나 이런 사람이 우리 팀의 팀장이라면, 정말 각자도생의 길을 걸어야 한다. 프로패드를 가지고 일을 하는 사람은 후배가 업무에 대해 물어볼 때, 일의 과정을 체계적으로 알려줄 수 있다. 어떻게 그 일을 준비해야 하는지, 어떤 순서로 일을 해야 잘 진행될 수 있는지 알려주는 선배는 후배들의 존경을 한몸에 받게 된다.

지금은 한 장이지만, 그 한 장의 축적은 여러분을 상상 그 이상의 곳으로 안내해줄 것이다.

전사 임직원 다이어트 프로젝트 진행 계획을 완성하라

김성장 프로의 '비만 직원 다이어트 프로젝트'의 진행 계획을 수립하고 있다. 이를 위해서 WBS를 완성하고 그에 맞게 R&R을 정리했다. 준비 기간 1개월, 실제 시행 기간 3개월의 제약 조건이 있기 때문에 작업 일정을 정리했다. 일단 1개월 내에 실태 조사, 계획 수립, 조직 구성이 완료되어야 한다. 이를 위해 비만도 조사, FGI는 병행해서 진행하기로 했다. 이로써 5일 이내에 실태 조사가 완료되었다. 문제점 분석을 위한 세 가지 일은 모두 병행이 가능하므로 7일에 걸쳐 일을 마쳤다. 이런 방식으로 4주에 걸쳐 모든 계획과 조직 구성까지 마칠 수 있었다. 실제 프로젝트 진행 6주 차에 중간평가를 진행하고, 이를 통해 방향성을 보완할 계획을 수립했다. 각 항목별로 같은 기간에 주 업무가 겹치지 않게 하고, 만약 '주' 담당이 부담스러울 것 같으면, 능력 있는 '부' 담당을 붙여서 일의 진행을 계속 살필 예정이다.

항목 I	항목 II	소요자원 산출(단위: 만 원)		R&R				진행 일정														
		Day	비용	왕	홍	김	최	1W	2W	3W	4W	5W	6W	7W	8W	9W	10W	11W	12W	13W	14W	15W	16W
실태 조사	비만도 조사	3	10			주	부	▆															
	FGI 시행	3	20	부		주		▆															
	자료 분석	2	0	주		부		▆															
문제점 분석	전사 설문	7	100	부		주			▆														
	섭취 칼로리 조사	3	10		주	부			▆														
	전문가 진단	3	100			주	부		▆														
계획 수립	전문가 Workshop	2	100	부		주				▆													
	주요 과제 도출	1	10	부		주				▆													
	시행안 수립	3	0			주	부			▆													
	내부 결재/준비	2	0			주					▆												
프로젝트 진행	프로젝트 진행 조직 구성	3	0	주			부				▆												
	참가자 서약/교육	2	10			주						▆											
	진행 및 중간평가	90	4,000		부	주						▆	▆	▆	▆	▆	★	▆	▆	▆	▆	▆	▆
사후 처리	최종평가 및 시상	2	50			주	부																▆
	평가 및 자료화	5	0	주			부																▆
	비용 정산	2	10			주																	▆

중간평가

152

이렇게 정리한 결과 김 프로는 비만 직원 프로젝트 진행을 위한 계획을 세울 수 있었다. '이렇게 진행하면 되겠구나'라는 생각에 한결 마음이 편해졌다. 그리고 중간 보고를 통해 팀장에게 방향성을 다시 확인받을 수 있었다.

항상 일이 제시간에
끝나지 않는 이유

프로젝트 일정에서 단위 작업에 여유 시간이 있다면 프로젝트는 계획보다 일찍 완료되어야 한다. 그러나 현실에서는 이상하게도 그런 일은 잘 일어나지 않는다. 그 이유를 찾아보면 다음과 같다.

학생 신드롬(Student syndrome)

우리가 흔히 하는 말로 '벼락치기'다. 한 달 전부터 시험 일정과 범위가 공지되어도 많은 학생이 이 신드롬에 빠진다. 업무에서도 데드라인이라는 말이 있을 정도로 이런 일은 비일비재하게 일어난다. 데드라인은 사람이 가진 또 하나의 마지막 능력이라는 말도 있다. 하지만 복잡한 프로젝트에서 이것 때문에 문제가 발생하면 감당할 수 없는 일로 번질 수 있다는 것을 상기해야 한다.

후행 업무 담당자의 준비 부족

선행 작업이 일찍 완료되어도 후행 작업을 맡은 담당자가 준비되어 있지 않으면 일정은 단축될 수 없다. 이런 일이 발생하면 선행 작업에서 단축한 시간은 가치를 잃게 된다.

자기방어적 업무 수행

일을 빨리 마무리하면 일부 관리자는 담당자가 쉬는 꼴을 보지 못하고 계획 외의 수명 업무를 시킨다. 또한 기존에 주어진 시간보다 일을 빨리 끝낼 수 있다는 것을 알고 다음에는 더 짧은 시간 내에 일을 완료할 것을 지시한다. 이런 점 때문에 담당자는 업무 완료를 보고하지 않고 자기방어적으로 업무를 수행하게 된다.

파킨슨의 법칙(Parkinson's law)

영국의 경영학자인 노스코트 파킨슨(C. Northcote Parkinson)이 공무원 수의 증가는 업무량의 증가와 아무런 관련이 없다고 통계적으로 증명하며 제시한 개념이다. 이를 프로젝트 관리에 적용하면, 일을 빨리 끝낼 수 있는데도 자기 스스로 여유 시간을 부여하여 천천히 수행하면서 주어진 기간을 모두 사용하는 것을 말한다.

▶ **함께 보면 좋은 책**

　《통통통 프로젝트 관리》, 김병호 지음

5장

Risk Management & Reporting

리스크 관리와 상사 커뮤니케이션

완벽한 계획을 세웠다.
하지만 일을 못하는 사람은 계획을 세우는 것으로 끝난다.

일을 잘하는 사람은 지금부터 시작이라는 것을 알고 있다.
그리고 시작된 일을 차례로 진행해간다.

일을 진행할 때, 일잘러는 두 가지의 R을 기억한다.

첫 번째 R은 Risk다.
Risk란 계획을 항상 틀어지게 만들고, 계획대로 진행되는 것을 막는다. 업무의
진행이 완벽하게 되기 위해서는 일잘러의 Risk 관리법이 필요하다.

두 번째 R은 Reporting이다.
일잘러는 혼자 일하고 끝내지 않는다. 일의 과정과 결과를 상사와 공유한다.
일잘러의 보고 능력은 그 일을 더욱 빛나게 만든다.

이번 장에서는 일잘러의 또다른 업무 공식 Risk Management와 Reporting
을 살펴보자.

'설마'도 관리하는 프로 정신: Risk Matrix와 위험 요소 분석

● 김 과장의 충격 고백
"설마 했는데… 망했다."

김 과장은 준비한 내용을 팀장에게 보고하러 갔다. 팀장은 꼼꼼히 살펴보다가 이렇게 묻는다.

"만약 이렇게 진행하다가 인명 사고가 발생하면 어떻게 할 거야?"

'허걱!' 미처 생각하지 못한 내용인데, 그런 일이 생기면 큰일이다.

"아, 진짜 그럼 큰일 나겠네요!"라는 말이 순간 입에서 튀어나온다. 그 말을 들은 팀장의 얼굴이 어두워진다.

상사들은 사고를 싫어한다. 때문에 우리의 계획을 보고 "이런 일이 생기면 어떻게 할 거야?", "진짜 이렇게 되겠어?"라고 묻는다. 이런 질문에 일을 잘하는 사람들은 마치 미리 질문을 알고 있었다는 듯이 상사에게 대답한다. 그들에게는 예지력이 있는 것일까?

Risk Management(리스크 관리)의 스킬과 흐름을 기억할 수 있다면, 당신은 그 예지력을 지닌 능력자의 반열에 오를 수 있다.

리스크? 그건 내 일과 상관없는 거 아냐?

리스크란 '현 시점에 영향을 주지 않는다는 점에서 문제와 다르지만, 현실이 되는 순간 업무에 영향을 미치는 요소'를 말한다. 따라서 리스크는 불확실성을 전제한다. 이미 생긴 것이 아니고 생길 수도 있는 것이다. 동시에 발생하는 순간, 대부분 일에 부정적인 영향을 미친다. 이러한 리스크 요소를 본인의 업무와는 상관없는 것으로 생각하는 사람은 상사가 무언가 질문을 하면 얼굴만 빨개지는 경우가 많다.

예를 들어, 회사 야외 워크숍을 계획하고 있다. 꽃이 한창 피는 시기인지라 등산을 계획해서 상사에게 보고했다. 상사도 기분 좋게 OK 해주면 좋은데, 상사의 질문이 시작된다.

"비오면 어떻게 해?"

"가다가 체력이 소진해서 정상까지 못 오르는 경우는 어떻게 할까?"

"팀원들이 등산을 싫어하면 어떻게 해?"

"우리 팀 여직원도 많은데, 등산 할 수 있겠어?"

속사포처럼 쏟아지는 상사의 질문에 대해 '뭘 그런 것까지 생각해요? 그냥 하시죠!' 또는 '그렇게 걱정되면 너님이 계획해보시죠!'라고 말하고 싶지만 그저 상상일 뿐이다. 생각해보면 이런 상황은 항상 발생한다. 우리의 계획대로 되지 않는 상황 그리고 계획이 무산되는 상황. 이런 리스크를 고민하지 않으면 계획에서 실행은 자꾸 어긋나게 된다.

리스크를 평가하면 우선순위가 보인다

이러한 리스크에 대처 방안을 준비할 때, 나름 프로세스가 있다. 이 순서만 제대로 알아도 상사의 질문에 쉽게 답할 수 있다. 뿐만 아니라 빈틈없는 계획을 세울 수 있다. 바로 도출 - 평가 - 대응이다.

리스크를 도출해본다

쉽게 말하면 어떤 일을 진행할 때, 혹시 발생할 수 있는 리스크의 요소들은 어떤 게 있는지 생각해보는 것이다. 가장 쉬운 방법은 이전에 일을 진행했던 전임자에게 묻는 것이다. 또는 상사가 어떤 것을 질문할지, 상사의 스타일에 맞게 생각해보는 것이다. 혼자 계획할 때 보이지 않았던 것들이 상사로 빙의되는 순간 보이기 시작한다. 또는 일을 준비하는 사람들과 함께 아이디어 회의를 해보는 것도 좋은 방법이다.

리스크에 대해 평가한다

리스크를 평가할 때에는 두 가지 척도로 접근한다. 우선 발생 가능성(Probability)이다. 이 일이 발생할 가능성이 높은지, 낮은지에 대한 척도다. 그다음의 요소는 영향 지표(Impact scale)이다. 리스크가 발생했을 때 업무의 기간, 비용, 업무량에 미치는 영향에 대한 평가다. 이러한 지표를 측정할 때 정량적으로는 0~1 사이의 값을 매긴다. 또는 정성적으로 매우 높음, 높음, 보통, 낮음, 매우 낮음으로 값을 매기기도 한다. 업무에 적용할 때에는 쉽게 High(높음), Middle(중간), Low(낮음)로 평가할 수 있다.

이러한 방식으로 매트릭스를 만들면 3×3의 매트릭스가 만들어진다. 이때 점수가 높을수록 대응의 순위기 높아진다. 가능성과 영향 지표로 순위를 매겨보면 다음과 같은 모습으로 1순위, 2순위, 3순위의 리스크를 평가해볼 수 있다.

Risk(리스크)		Probability(빈도)		
		H 3	M 2	L 1
Impact (영향도)	H 3	❶	❶	❷
	M 2	❶	❷	❸
	L 1	❷	❸	❸

리스크에 대처하는 법

모든 리스크를 완벽하게 대응한다? 이것은 쉽지 않다. 또한 원인을 분석해서 대처하기에는 우리의 시간과 자원이 한정되어 있다. 따라서 리스크에 대응하는 기본 유형에 따라 접근하는 것이 효과적이다. 바로 회피, 전가, 경감, 수용이라는 네 가지의 방식이다.

1) 회피(Avoid): 리스크를 피하거나, 발생 원인을 없애거나, 영향을 피하기 위해 계획을 변경하여 대응하는 방식

2) 전가(Transfer): 리스크에 따른 부정적 영향을 제3의 대상에게 이전시키는 방식

3) 경감(Reduce): 리스크의 발생 확률 및 영향도를 수용 가능한 범위까지 줄이는 방식

4) 수용(Accept): 경감이나 회피하지 않고 떠안는 것으로, 특히 리스크의 원인을 제거하기 어렵거나 대응책이 없는 경우에 사용할 수 있는 방식

그러면 현장의 문제로 리스크에 대처하는 방법에 대해 살펴보자.

당신은 전사 워크숍 담당자다. 워크숍을 계획해서 진행하기 위해 팀원들과 어떤 리스크가 있는지 생각해보았다. 그 결과 네 가지의 주요 리스크가 제기되었다(도출). 이런 경우 어떻게 접근하는 것이 좋을까?

- **리스크 1:** 여행 당일 폭우로 골프 행사를 예정대로 실시할 수 없다.
- **리스크 2:** 2일 차에 비가 오는 경우 관광 코스 일부에 지장이 있다.
- **리스크 3:** 경영진이 탄 버스에 사고가 나면 회사 경영이 어려워진다.
- **리스크 4:** 직원이 탄 버스에 사고가 나는 경우 업무에 지장이 생긴다.

리스크 1의 경우 요즘 기상 상황을 봤을 때 가능성은 M(중간)으로 평가된다. 반면에 영향은 행사를 할 수 없으므로 H(높음)다. 1순위 요소다.

이를 해결하기 위한 방법을 모색한 결과 주변 실내 골프장을 예약해두고, 우천 시 활용하는 방안이 나왔다. 즉 회피다. 이와 같은 방식으로 준비한다면 각 리스크에 대해 다음과 같은 준비가 가능하다.

리스크 항목	빈도	영향도	대응 전략	대응책
여행 당일 폭우로 골프를 예정대로 실시할 수 없음	M	H	회피	여행지 주변 스크린 골프장을 찾아서 예약해둠
여행 당일 비가 오는 경우, 관광 코스 일부에 지장이 있음	H	L	회피	관광 코스를 일부 변경해서 비가 내려도 관광할 수 있는 장소로 준비
경영진이 탄 버스에 사고가 날 경우 회사 경영이 어려워짐	L	H	경감	경영진 전체가 같은 버스에 타지 않도록 조정
직원이 탄 버스가 사고 난 경우, 업무에 지장이 생김	L	H	전가	여행 중 사고에 대비해서 여행자 보험에 가입

이런 생각의 흐름이 익숙해진다면, 더는 상사의 질문이 어렵지 않다.

"만약 이렇게 진행하다가 인명 사고가 생기면 어떻게 하지?"라고 상사가 묻는다면 이렇게 말할 수 있다.

"예, 분석 결과 빈도는 M, 영향은 H로 판단되어 1순위로 잡았습니다. 그에 대해 경감 전략으로 사전 교육 및 안전 장비 대여 그리고 전문 업체의 진행으로 대비해두었습니다."

이렇게 되면 어떤 리스크에도 대비할 수 있도록 준비된 일잘러의 반열에 올라가게 되는 것이다.

상사 스타일별 커뮤니케이션 방법

● 김 과장의 넋두리
"아~ 부장님은 구두 보고하라고 하고,
본부장님은 자꾸 문서로 써오라고 하고,
이거 어느 장단에 맞춰 춤을 춰야 하나."

직장에서 업무를 하다 보면, '상사에게 보고하느라 일을 못해 먹겠다'라는 생각을 하게 된다. 일을 하라는 건지 말라는 건지….

더 부아가 치밀어 오르는 건 나는 보고하러 가면 족족 깨지고 나오는데, 박 과장이 들어가면 항상 분위기가 좋다. 이거 뭐 사람 차별하는 것도 아니고, 박 과장은 도대체 뭘 어떻게 하는 걸까?

상사가 알아야 '일을 한 것'이다

일을 진행하는 과정에서 상사가 업무의 진행 사항을 알고 있는 것은 굉장히 중요하다. 조직에서 하는 일은 내가 열심히 하는 것으로 끝나는 것이 아니다. 내가 열심히 한 것을 상사가 알아야 일을 한 것이다. 따라서 일을 잘하는 사람은 일의 과정과 결과를 상사에게 보고한다.

그렇다면 일의 내용을 상사에게 잘 보고하는 것이 왜 중요할까?

보고를 해야 일의 방향을 상사와 맞출 수 있다

우리가 상사로부터 일을 지시받아서 처리할 때, 업무를 진행하는 과정 중에 상사와 방향을 맞추는 것은 굉장히 중요하다. 일을 진행하다 보면 처음 지시받은 상황이 바뀔 수 있고, 상사의 생각도 점점 바뀌어갈 수 있다. 또한 상사가 차상위 상사에게 추가적인 의견을 받거나, 처음 지시한 것을 변경할 수도 있다. 이런 상황에서 일의 진행 상황을 상사에게 보고한다면 상사의 의중을 제대로 반영해서 일을 진행할 수 있다. 그리고 상사도 일의 방향을 자신의 상사에게 명확하게 보고할 수 있다.

보고를 해야 상사는 내가 무엇을 하고 있는지 알게 된다

나는 열심히 일하고 있지만, 상사는 내가 무엇을 하고 있고 무엇 때문에 고민하고 있는지 잘 모른다. 하루 종일 책상만 지키고 있는지, 정말 치열하게 무언가를 하고 있는지 상사는 알 수가 없다. 대부분의 상사는 그런 부분까지 상세하게 스스로 조사할 만큼 한가하지 않다. 뿐만 아니라, 실제로 그런 일이 일어난다면 부하직원의 입장에서는 매우 불쾌할 수 있다. 따라서 부하직원이 상사에게 먼저 일의 과정을 꼼꼼히 보고하고, 어떤 일을 해왔고, 어떻게 진행할 것인지 공유한다면 일하는 게 보일 수 있다.

보고를 해야 상사가 불안해하지 않는다

일의 규모가 비교적 크거나 경영진에서 관심을 가지고 있는 업무는 담당자뿐만 아니라 상사도 신경이 많이 쓰인다. 이때 기획을 한답시고 잠수를 타서 보이지 않게 되면 상사는 불안해진다. 상사도 자신의 상사나 고객이 뭔가를 물어볼 수 있는데, 아는 것이 없기 때문이다. 사람은 누구나 자신을 불안하게 만드는 존재를 좋아하지 않는다. 통제할 수 없고 예측할 수 없게 되면 스트레스를 받는다. 불안은 걱정을 낳고, 걱정은 스트레스를 유발한다. 상사가 불안해하지 않게 하려면 스쿠버처럼 일하지 말고 수영선수처럼 일해야 한다.

보고를 해야 상사의 도움이나 지원을 받을 수 있다

부하직원이 일을 잘하는 것이 상사가 일을 잘하는 것이다. 부하직원이 제대로 성과를 낼 수 있도록, 하는 일의 결과가 제대로 날 수 있도록 지원해주고 필요한 자원을 공급해주는 것이 상사의 일이다. 보고를 잘하는 사람은 필요할 때 상사의 지원을 얻고, 필요한 자원을 끌어올 수 있다.

상사가 좋아하는 보고 스타일이 있다

사람은 누구나 자신이 선호하는 입맛과 선호하는 방식이 있다. 피터 드러커는 이것을 사람의 정보 습득 방식으로 설명한다. 사람은 듣는 유형과 읽는 유형이 있는데, 동시에 두 가지를 모두 다 잘하는 사람은 그리 많지 않다고 한다. 이때 듣는 유형의 사람에게 두꺼운 보고서를 써서 제출하는 것은 시간 낭비라고 할 수 있다. 왜냐하면 그는 오직 듣는 것으로 일을 파악하고 질문을 통해 이해를 더하기 때문이다. 반면 읽는 유형의 사람에게 먼저 구두 보고를 하는 것 역시 시간 낭비라고 말한다. 읽는 유형의 사람은 읽고 나서 머릿속에 개념이 정리되면 질문을 하기 때문이다.

맞다. 사람은 원래 자신이 선호하는 스타일이 있다. 그래서 자신의 입맛에 맞게 보고해주는 직원을 좋아하게 된다.

다음 상사의 몇 가지 스타일을 고려해서 그에 맞게 보고해보자.

성격이 급한가, 느긋한가

상사의 성격이 급하다면 결론부터 전달하는 게 좋다. 그리고 핵심 위주로 내용을 간략히 정리해서 보고하는 게 좋다. 반면 느긋한 성향의 상사라면 꼼꼼하게 디테일도 챙겨서 보고하고, 상사가 생각할 여유를 주는 것이 좋다.

듣는 유형인가, 읽는 유형인가

상사가 듣는 유형이라면 수시로 치고 들어갈 수 있는 '구두 보고'의 기회를 놓치지 말자. 식사를 하러 갈 때, 또는 차를 마실 때에도 업무의 진행 사항이나 주요 이슈들을 상담 형식으로 공유할 수 있다. 비대면 상황이라면 전화나 화상으로 연결해 간단하게 요점을 보고하는 것이 좋다. 반면 상사가 읽는 유형이라면 문서 형식으로 먼저 보고하는 것이 좋다. 간단히 구두 보고를 할 경우라도 메모 형태로 내용을 준비하는 것이 좋다.

사실과 결과 중심의 접근을 좋아하는가,
사람 중심의 접근을 좋아하는가

상사가 사실 중심의 접근을 좋아한다면 자료를 꼼꼼히 챙기는 것이 좋다. 숫자, 기초 자료, 출처 등에 대해 짚고 넘어갈 수 있으므로, 이런 사항의 신뢰도를 확보해야 한다. 반면에 상사가 사람 중심의 접근을 좋아한다면 업무의 진행 사항과 더불어 팀원들의 상황, 거래처의 상황에 대한 정보를 함께 자료에 담는 것이 좋다. 그러나 과도하게 많은 자료보다는 담당자가 판단해서 제시하는 보고를 선호할 가능성이 크다.

또한 결과 중심의 접근을 좋아하는 사람은 비대면 보고나 대면 보고, 공식적 보고나 비공식적 보고에 큰 차이를 두지 않는다. 결과만 받으면 된다. 반면 사람 중심의 접근을 좋아하는 사람들은 대면 보고와 비공식적 보고를 선호하는 경향이 있다.

누구나 입맛이 있다. 그리고 자신의 입맛에 맞춰 가지고 오는 사람을 좋아하기 마련이다. 내 입맛에는 안 맞는데, 맞춰서 먹으라고 하는 부하 직원이 달가운 사람은 없다.

인정받는 프로 일잘러의
보고 타이밍

● **김 과장의 고민**
"언제는 '그걸 왜 보고해?'라고 하더니,
일이 터지니 '그걸 왜 보고 안 했어?'라고 하는 우리 상사.
책임 떠넘기기 아닙니까?"

상사가 우리의 보고를 받는 이유는 뭘까? 어려운 문제이니 고민해서 대답

해보자.

1번: 심심해서

2번: 부하의 노력을 이해하려고

3번: 지적 욕구를 만족시키기 위해서

4번: 의사결정을 위해서

누구나 알고 있듯이 답은 4번이다. 따라서 우리는 기억해야 한다.

"타이밍에 실패하면 보고는 쓰레기가 된다."

그리고 쓰레기를 가지고 오는 사람은 쓰레기 취급을 받을 수밖에 없다.

그래서 일을 잘하는 사람들은 보고의 타이밍을 놓치지 않는다.

타이밍에 실패하는 보고들

상사들이 싫어하는 타이밍에 실패하는 유형들은 어떤 모습일까?

- **자판기형 보고**: 상사가 물어봐야만 보고하는 사람들이다. 상사가 눌러야 얘기가 나온다. 먼저 와서 말하는 법이 없다. 수동보다는 자동이 편하듯이, 상사는 자신이 묻기 전에 먼저 보고하는 것을 좋아한다. 우리가 식당에서 느낄 수 있듯이 반찬이 부족할 때 알아서 가져다주면 서비스고, 시켜서 가져다주면 심부름이 된다. 서비스 좋은 식당이 경쟁력 있는 것은 상식이다.

- **함흥차사형 보고**: 뭘 시키면 보고가 없다. 지금 일을 하고 있는 것인지, 혹시 잊은 것은 아닌지 상사에게 의구심을 불러일으키는 직원의 모습이다. 물론 부하직원 입장에서야 특별한 일이 없으니 보고하지 않는 것일 수도 있다. '무소식이 희소식이다'라는 생각으로 상사에게 희소식을 전하고 싶은 마음일 수도 있다. 그러나 기억하자. 상사는 모든 것을 관리하고 있다는 느낌을 좋아한다. 중간 보고를 잘하는 사람은 상사에게 그 느낌적인 느낌을 선물한다. 안 보이면 사고 치고 있는 것이라는 선입견을 심어줄 필요는 없다.

- **마이웨이형 보고:** 선조치를 하고 보고하지 않는 직원의 모습이다. 물론 업무 현장에서 일이 급하면 선조치를 할 수도 있다. 하지만 기억할 것은 선조치 즉시 직속 상사에게는 조치 내용을 알려야 한다는 것이다. 만약 직속 상사는 모르고 있는데 차상사인 임원이 알게 되었다고 생각해보자. 임원은 당연히 직속 상사에게 자세한 내용을 다시 물을 것이다. 그렇게 되면 직속 상사는 임원 앞에서 팀 관리도 제대로 못하는 무능한 상사로 전락하고 만다. 또한 직속 상사를 건너뛰고 차상위 상사에게 먼저 보고하는 일은 그 조직에서 계속 일할지 말지를 결정해야 할 만큼 치명적인 행동이 될 수 있음을 명심하자.

- **문제 숙성형 보고:** 좋은 술은 숙성될수록 깊은 맛이 나지만, 문제는 숙성될수록 커진다. 커진 문제는 수습하기 어렵다. 많은 사람이 문제 상황에 대해 보고하는 것을 힘들어한다. 좋은 소리는커녕 '잘해야 본전인 일'이기 때문이다. 그러나 기억하자. 문제 상황을 보고하면서 욕을 먹을 수는 있으나, 보고하는 순간 문제에 대한 답을 찾는 것은 나만의 과제가 아니게 된다. 책임 또한 나만의 것이 아닌 조직의 책임이 된다. 이 일을 보고받은 나의 상사도 같은 배에 탄 사람이다. 문제를 끌어안고 있다면 순간의 비난은 피해갈 수 있지만, '독박'으로 짐을 지게 된다. 문제는 빨리 보고할수록 나의 책임은 줄어들고, 조직과 책임을 나눌 수 있다는 점을 명심하자.

일잘러의 적절한 타이밍(Right timing) 감각

그렇다면 어떻게 보고해야 할까? 현장에서 만나는 보고 유형별 적절한 타이밍의 기준을 잡아보자.

일반적인 업무 보고의 타이밍:
반 발짝 빠른 보고로 상사에게 여유를 선사하라

일을 잘하는 사람들은 보고 납기를 잘 지키는 데 그치지 않고 보고를 반 발짝 일찍 한다. 예를 들어, 담당 임원에게 팀장이 보고해야 하는 납기일이 내일 오후라면 일잘러들은 오늘 오후 정도에는 팀장에게 보고한다. 그래야 팀장의 의견도 반영할 수 있고, 잘못된 부분이 있다면 수정할 수 있다. 당일 오후 2시에 임원 보고인데 1시 50분에 팀장에게 보고하는 것은 '자신의 능력은 완벽하니 팀장 당신은 배달만 하라'는 의미의 다른 표현으로 보일 수 있다. 당연히 팀장은 무시당했다는 느낌을 받을 수 있다. 팀장이 백 번 양보한다고 해도 당황스러움은 피할 수 없다. 물론 그 전에 먼저 대부분의 팀장은 왜 보고를 안 하느냐고 물어본다. 앞에서도 말했지만 시켜서 하면 심부름이고, 알아서 먼저 갖다주면 서비스다.

반 발짝 빠른 보고는 상사에게 생각할 여유를 준다. 이것은 일을 잘한다는 인식과 함께 상사를 존중한다는 인상을 주게 되고, 이를 통해 상사의 신뢰를 얻을 수 있다.

장기 업무 보고의 타이밍: 중간 보고로 신뢰를 얻어라

장기 업무는 무조건 중간 보고를 해야 한다. 머릿속으로 3일 이상 이어지는 업무는 장기 업무라고 생각하자. 그리고 그 사이에 최소 1회 정도는 중간 보고를 해야 한다. 중간 보고를 잘하면, 상사의 신뢰를 얻을 수 있다. '굳이 일일이 신경 쓰지 않아도 담당자가 잘 알아서 한다'라는 믿음이 생기게 된다.

만약 몇 개월에 걸쳐서 하는 업무라면, 주 1회씩은 특정 시간을 정해서 상사에게 보고할 필요가 있다. 지난주의 진행 사항 그리고 금주의 진행 예정 사항을 담아서 상사에게 전달하는 것이다. 동시에 중간 보고를 할 때에는 간단한 메모를 지참하는 것이 좋다. 업무 내용, 진행 사항, 마감 일정 등에 대한 내용을 메모로 정리해서 전달하면, 상사도 잊지 않고 내용을 잘 숙지하게 된다.

문제 업무 보고의 타이밍: 신속, 신속, 신속!

문제 업무라면 신속하게 보고한다는 대원칙이 필요하다. 일잘러는 신속에 대해서도 명확하게 판단하여 상황에 맞게 대처한다. 문제 상황은 촌각을 다투는 긴급 상황과 약간 준비할 수 있는 여유 상황이 있다.

촌각을 다투는 긴급 사태라면 때와 장소, 수단을 가리지 않고 문제 자체를 보고해야 한다. 이때 문서를 만들거나 또는 주변 상황들을 모두 체크하느라 보고 시간을 늦춰서는 안 된다. 100% 맞다는 확신이 들지 않는다고 할지라도 보고해야 하는데, 이때는 문제 자체와 확인하지 못한 사항까지 같이 보고해야 한다. 마치 인터넷 뉴스에 [속보]라고 뜨는 것과 같다. 속보라는 뉴스를 클릭해서 들어가 보면 아무런 내용이 없다. 제목 자체가 전부다. 초 긴급 상황이라면 이렇게 접근해야 한다.

반면, 약간의 준비를 할 수 있는 상황이라면 초도 보고, 중간 보고, 결과 보고라는 3단계에 걸쳐 보고하는 것이 좋다. 초도 보고를 할 때는 문제 자체만을 보고해서는 곤란하다. 상사들은 당연히 원인을 묻게 되고, 그에 따른 대응 방안도 묻기 때문이다. 따라서 초도 보고를 할 때에는 문제 상황과 원인을 확인하고, 간단한 대응 방향을 준비해서 보고한다. 중간 보고를 할 때는 대응 상황과 추후 진행 방향을 보고한다. 마지막으로 결과 보고를 할 때는 상황 종료와 추후 재발 방지 대책을 함께 준비해서 보고한다.

변경 사항 보고의 타이밍

일을 진행하다 보면 처음의 계획과 달리 변경되는 사항이 생기게 된다. 이런 경우 변경 이후에 보고하게 되면 상사는 통보를 받는 느낌을 받는다. 통보를 좋아할 상사는 없다. 물론 본인에게 부여된 권한 내의 것이라면 스스로 결정하면 된다. 그러나 본인의 권한을 넘어서 상사가 같이 책임을 지게 되는 것, 또는 상사가 권한을 부여했을 때와 달리 심각한 변화가 발생했다면 상사에게 통보가 아닌 변경 전 보고가 필요하다.

변경 사항을 보고할 때에는 당연히 변경 전과 변경 후의 내용을 한눈에 볼 수 있도록 시각화를 잘해서 보고할 필요가 있다. 또한 상사가 변경 사항에 대해 거부할 경우, 어떤 근거를 가지고 상사를 설득할 것인지에 대한 준비가 필요하다.

보고의 종류와 보고 상황에 따라 적절한 타이밍이 있다.

같은 면이지만 냉면을 끓이는 시간과 스파게디 면을 끓이는 시간은 분명 다르다. 그 타이밍을 잘 맞춰야 상사에게 가치 있는 보고를 할 수 있다.

일잘러는 종류에 따라, 상황에 따라 최적의 타이밍을 맞출 수 있는 사람이다. 대면 상황이든 비대면 상황이든 상관없이 모든 가용 수단을 활용하여 타이밍에 맞게 보고하는 것이 핵심이다.

프로 일잘러의 커뮤니케이션: '메일' 완전 정복

● 김 과장의 불만
"아니, 왜 말을 못 알아들어?
왜 이메일 회신을 안 주는 거야?"

업무를 진행하는 관리자라면 커뮤니케이션을 해야 하는 사람들이 많다. 혼자서 일하는 것이 아니라 스테이크 홀더(관련자) 전체와 소통해야 하기 때문이다. 이들과 소통에 실패하면 모두가 따로 놀 수밖에 없다. 당연히 일이 제대로 될 리가 없다.

우리는 상사와의 커뮤니케이션을 수직적 커뮤니케이션(보고)이라고 한다. 동시에 동료나 부하직원, 타 부서원들과의 커뮤니케이션을 수평적 커뮤니케이션(연락)이라고 한다. 이런 커뮤니케이션을 하는 게 쉬워 보이지만, 실제로 일의 진행을 방해하는 가장 큰 요소 중 하나이다.

그 이유는 무엇일까?

함께 일하는 사람이 많아질수록, 급속하게 커뮤니케이션 채널이 증가하기 때문이다. 두 사람이 커뮤니케이션할 때 채널은 단 하나만 존재하지만, 세 사람이 되면 채널은 3개가 된다. 네 사람이 되면 채널은 6개가 된다. 사람의 수(n)에 대한 채널의 수는 n(n-1)/2이다.

이런 이유로 세심한 커뮤니케이션 채널의 관리에 실패하면 일은 필연적으로 실패하게 된다.

일잘러는 커뮤니케이션의 핵심 도구인 이메일(비대면 소통)과 회의(대면 소통)에 모두 강하다.

먼저 일잘러들은 이메일을 어떻게 쓰는지 알아보자.

일잘러의 이메일에는 '핵심 요소'가 있다

비즈니스 이메일을 효과적으로 활용하기 위해서는 여섯 가지 요소를 제대로 알고 그 활용법을 익힐 필요가 있다. 요리를 할 때 같은 재료를 사용해도 만드는 사람에 따라 맛이 달라지는 것처럼, 메일의 여섯 가지 요소를 잘 쓰는 사람은 일을 효과적으로 관리할 수 있다.

요소 1. 수신인: 누구에게 어떤 말을 하는가

메일의 수신인란을 보면 세 가지 항목이 있다.

수신인, 참조인, 비밀 참조인

중요한 것은 이 수신인란 어디에 이름을 쓰는가에 따라 일을 직접 하라고 시키는 것인지, 알고 있으라는 것인지가 달라진다는 점이다.

수신인은 메일의 가장 직접적인 대상이다. 따라서 메일에 담긴 내용에 대해 실제적으로 행동해야 하고, 회신의 주체가 되어야 하는 사람이다.

참조인은 메일 내용에 대해 인지해줄 것을 요청받는 사람이다. 진행 사항을 잘 확인하고, 혹시 잘못된 정보가 있다면 의견을 주는 것으로 끝난다.

비밀 참조는 비공개적으로 일의 내용을 인지해줄 것을 요청받는 사람이다.

요소 2. 제목: 무슨 내용인가

메일의 제목을 보는 순간에 메일의 핵심을 바로 알 수 있게 써야 한다. 바쁜 업무 현장에서 메일을 꼼꼼히 읽고, 행간의 의미까지 뽑아내는 것은 쉽지 않다. 따라서 메일의 제목은 구체적이어야 한다.

'자료 제출 요청'이 아니라 '4분기 실적 보고 자료 요청(금일 17시까지)'이 좋은 제목이다. 보는 순간 무슨 내용인지 알 수 있도록 작성해야 한다. 동시에 메일의 앞에 [전달], [회신 요망], [필독]과 같은 글머리를 붙여주면 메일의 메시지가 더욱 명확해진다. 제목란은 정보 전달에서 가장 중요한 공간이다.

요소 3. 도입부: 왜 보냈고, 뭐 해줘?

메일의 도입부는 본문 전에 나오는 문장이다. 메일을 왜 보냈는지, 어떤 것을 요청하는지 핵심을 전달해주어야 한다. 이메일 A, B, C 법칙이 있다. A title(제목), Background(배경), Conclusion(결론) 메시지에 해당하는 A, B, C 세 요소가 메일의 본문 이전에 나와야 한다는 것이다.

제목: 회의 내용 전달
어제 있었던 회의 내용 전달 드립니다. 즐거운 하루 보내세요!

이렇게 끝내서는 안 된다.

제목: [아자 프로젝트] 회의 내용 전달 및 자료 요청
어제 있었던 아자 프로젝트 홍보 회의 내용 전달드립니다.
회의 내용에 따라 각 팀의 홍보 관련 필요 자료를 금일 17시까지 메일로 회신하여
주시기 바랍니다.

제목을 보고 도입부를 보면 이 메일이 왜 왔고, 뭘 해주어야 하는지를 놓치지 않도록 해야 한다.

요소 4. 본문: 좀 깔끔하게 정리해줘!

메일의 본문을 보는 순간 어떤 내용이 어떤 흐름으로 전개되는지 한눈에 알 수 있도록 정리해줄 필요가 있다. 화제의 흐름은 어떻고, 어떤 내용인지 알 수 있도록 해주는 방법이 있다. 바로 줄글로 쓰지 않고, 소제목들을 달아주는 것이다. 메일의 수신자에게 줄글을 주는 것은 상대로 하여금 끝까지 높은 집중도로 읽을 것을 요청하는 것이다. 반면에 소제목만 잘 달아주어도 상대는 내용의 핵심을 쉽게 이해할 수 있게 된다.

요소 5. 인사말: 첫인사, 끝인사

메일을 통해서 업무를 진행하는 것이지만 사람은 정서가 있다. 받는 사람이 기분 좋으면 일을 더 잘해주고 싶다. 반면에 나를 무시하거나, 사무적으로만 대하는 사람은 기본도 맞춰주고 싶지 않다. 이메일은 작성자의 정서가 수신자인 나에 대해 우호적인지 적대적인지를 알려주기 쉽지 않다. 그런 상황에서 유용한 것이 인사말이다. 인사말은 상대로 하여금 일 이전에 관계를 기억하게 한다. 즉 수신인이 '나'라는 사람을 기억하도록 한다. 따라서 짧게라도 꼭 인사말을 쓰자. 나를 존중해주는 사람을 나도 존중해주고 싶은 것, 이게 사람의 마음이다.

요소 6. 서명

서명은 발신자에 대한 기본 정보를 제공한다. 그래서 발신인의 접촉 포인트, 즉 나에게 어떤 방식으로 연락할 수 있는지에 대한 정보를 담고 있다. 특히 회사 외부 사람들에게는 내가 어떤 부서에 있고, 어떤 회사인지 그리고 나에게 연락할 때 어떤 방식으로 자료를 송부할 수 있는지 알 수 있게 해준다.

메일의 여섯 가지 요소를 적절히 활용하면 상대가 기분 좋게 핵심 메시지를 전달할 수 있다. 만약 당신이 보낸 메일에 항상 회신이 잘 안 되고, 의도한 결과가 나오지 않는다면 이 여섯 가지 요소를 가지고 하나씩 점검해보자. 일처리가 빨라지는 놀라운 경험을 하게 될 것이다.

프로 일잘러의
회의 스킬

● 김 과장의 고민
"회의를 하면 매번 제시간에 안 끝나요,
결정되는 것도 없고, 실행되는 것도 없고…,
어떻게 하죠?"

'회의(會議)를 회의(懷疑)하는 것'

대부분의 직장인이 겪는 일이다. 매번 같은 얘기만 하다 끝나고, 결정
도 안 나고, 나는 여기 왜 있는지 알 수 없는 회의. 팀장이 팀원을 쪼기 위
한 자리인지, 아이디어를 내기 위한 자리인지….

회의실에서 팀원들과 얼굴을 맞대고 하는 대면 회의가 이런 모습이라
면, 비대면 화상 회의도 크게 달라지지 않는다. 집중할 수 없는 회의가 비
대면으로 진행된다면 거의 100% 시간 낭비일 가능성이 크다.

우리의 회의가 살아나야 일이 살아날 수 있다.

망하는 회의의 모습

직장인들의 많은 시간이 회의로 소모된다. 우리의 회의는 흥하는가, 망하는가? 신나서 의견이 나오고 에너지를 받는 회의가 있고, 회의를 한 후 더이상 일할 마음이 생기지 않는 망하는 회의가 있다.

우리의 모습은 어떨까? 직장인을 대상으로 한 설문 결과를 살펴보자.

직장인 설문 결과 회의는 1주 평균 3.7회, 평균 50분의 시간을 사용하고 있다. 그 가운데 불필요한 회의는 약 1.8회라는 답이 나왔다. 또한 회의 시간 중 30%는 '회의와 상관없는 잡담, 스마트폰 보기, 멍 때리다 나온다'는 반응이 나왔다. 즉 대부분의 회의에서 많은 낭비 요인이 발생하고 있다는 말이다.

이렇게 망하는 회의의 대표적인 몇 가지 원인을 생각해보자.

- **시간:** 대부분 정해진 시간보다 늦게 시작한다. 끝나는 시간을 예측할 수 없다. 끝나는 시간이 정해져 있기는 하지만 대부분 지켜지지 않는다.
  ⇨ '그러니 제시간에 가기도 싫고, 회의에 참석하기도 싫다!'

- **자료**: 맥락이 없어 내용을 이해하기 어렵다. 대량으로 배포한다. 회의 시작할 때 나눠준다.
  ⇨ '보라는 건지 말라는 건지….'

- **내용**: 왜 모였는지 모른다. 나만 모르는 줄 알았는데, 다른 사람들도 모른단다. 애매한 말들이 많고, 명확하게 말하지도 않는다.
  ⇨ '이런 회의는 왜 맨날 내가 참석해야 하는 거야?'

- **의견**: 서로 말을 안 한다. 제대로 잘 알고 있지도 않지만, 알아도 나서면 꼭 그걸 나한테 시킬 때가 많다. 일단 회의에 참석한 자체가 내 의무를 다한 거다. 이제부터 유체 이탈하고 있으면 된다.
  ⇨ '할 말도 없고, 해줄 말도 없다. 있어도 내 의견이 뭐가 중요해!'

- **리더**: 회의하자고 하고 혼자 말한다. 결정은 다음으로 계속 미룬다. 할 말이 없어지면 의견을 내라고 한다.
  ⇨ '자기가 다 말해놓고 의견은 무슨…. 그냥 뭐 하면 돼요?'

- **회의 결과**: 회의가 끝나고 난 후, 무엇을 했는지 기억이 안 난다. 무엇을 할지도 모르겠다.
  ⇨ '누군가 회의록 보내주겠지….'

흥하는 회의의 촉매제 '퍼실리테이터'

우리가 학창시절 배운 용어 중 '촉매'가 있다. 촉매가 들어가면 다른 물질 사이에 화학 반응이 일어난다. 무반응 상태에 촉매라는 존재가 있으면 살아난다. 활성화된다. 활활 타오른다.

우리의 회의에도 이런 촉매가 필요하다. 그리고 우리는 이러한 촉매의 역할을 하는 사람을 퍼실리테이터라고 한다. 퍼실리테이터는 회의나 교육의 진행이 원활하게 이뤄질 수 있도록 돕는 역할을 한다. 회의에 이런 퍼실리테이터가 있으면 회의가 살아날 수 있다. 망하는 회의가 흥하는 회의로 바뀔 수 있다. 특히 중간관리자가 되면 회의를 맡아서 진행해야 하는 경우가 많다. 이때 믿을 만한 중간관리자가 나서 주면, 상사도 편하고 고맙다. 그러면 우리 조직의 회의를 바꿀 수 있는 일잘러의 회의 기술은 무엇이 있을까?

일잘러의 회의 준비: 4P를 알면 회의 때 코피 나는 상황을 줄일 수 있다

회의를 준비할 때, 일을 못하는 사람은 시간을 공지하고 장소를 준비하는 것으로 일을 다 했다고 생각한다. 비대면 회의도 마찬가지다. 시간과 화상 회의 URL이나 컨퍼런스콜 번호만 공지한다. 그리고 회의 때 코피 터질 정도로 진땀을 빼게 된다.

반면 일잘러는 준비를 잘한다. 퍼실리테이터의 일은 팔 할이 준비라고 봐도 과언이 아니다. 준비가 잘되어 있으면 회의는 참석자들에 의해 알아서 잘 돌아간다.

일잘러는 4P, 즉 Purpose(목적), Product(결과물), People(참석자), Process (진행 계획)에 맞게 회의를 준비한다.

- **Purpose(목적):** 회의는 목적이 있어야 한다. '무엇을 위해 모이는가?' 이 질문에 정확하게 답을 할 수 있어야 한다. 일반적으로 목적에 따라 아이디어 도출 회의, 의사결정을 위한 회의, 정보 공유를 위한 회의를 생각할 수 있다(혹자는 팀장의 쪼기 위한 회의를 하나 더 추가하기도 한다).
  정보를 공유하기 위한 회의이거나 단순히 실적만 체크하기 위한 회의라면 회의를 하지 않는 것이 가장 좋은 방법이다. 메일이나 공지 등을 통해 비대면으로 내용을 전달하는 것이 좋다. 실적을 체크하기 위한 회의라면 리더가 각 개별 담당자와 1:1로 시간을 잡아 코칭하고 결과를 확인하는 것이 가장 좋다.
  기억하자! 최고의 회의는 회의하지 않고 목적을 달성하는 것이다.

- **Product(결과물):** 우리 회의의 결과물은 무엇이 되어야 할지 미리 정해두어야 한다. 결과물의 형태는 무엇인지, 개수는 어느 정도인지, 어떤 것에 대한 결정을 내려야 하는지 등을 확실하게 정해두어야 한다. 동시에 이러한 결과물에 대한 그림은 회의 참석자 전원과 공유되어야 한다.

- **People(참석자):** 회의에 참석할 사람이 누구인지 명확하게 정해야 한다. 직접 관련이 있는 사람, 의사결정을 내려줘야 하는 사람들이 참석해야 한다. 회의 내용과 무관한 사람은 참여할 필요가 없다. 함께 토론하면서 의사결정을 진행하기에 가장 적정한 인원은 4~6명 정도다.

- **Process(진행 계획):** 회의 진행에 대한 순서를 정해야 한다. 언제 시작해서 언제 끝나는지, 어떤 순서로 어떤 얘기를 진행할 것인지 등 먼저 의제(Agenda)를 정해두어야 참석자들은 회의의 순서에 맞게 참여할 수 있고, 무슨 내용을 준비할 것인지 알 수 있다.
비대면 상황에서도 회의 진행자는 다음 순서로 넘어갈 때 의제와 어느 부분을 하고 있는지 알려줘야 한다. 대면 회의라면 회의실 앞쪽의 잘 보이는 곳에 회의 아젠다를 붙여놓는 것도 좋은 방법이다.

준비 사항이 많아 보이지만, 결과적으로 이런 내용들은 다음 표 하나로 정리할 수 있다.

개요	일정 (○○월 ○○일)	진행 사항	담당
목적: 아자 프로젝트 홍보 방안 결정	09:00~09:10	회의 아젠다 설명	나명석 과장
참여자(4명): 홍길동 부장, 나명석 과장, 김참신 과장, 최신속 대리	09:10~09:20	홍보 현황 및 결정 필요사항	김참신 과장
결과물: 아자 프로젝트 홍보 방안 결정, 예산안 결정, 담당자 선정	09:20~09:40	아이디어 회의 및 검토	홍길동 부장
	09:40~09:50	의사결정	홍길동 부장
준비사항: 홍보 현황에 대한 한 장 자료 (김참신 과장)	09:50~10:00	추후 진행 사항 결정 및 담당자 선정	나명석 과장

일잘러의 회의 진행과 마무리:
기름칠을 잘해주면 작동이 확실히 된다

아이디어를 내야 하거나 의사결정을 하기 위해 회의를 하다 보면 많은 사람이 소극적으로 바뀐다. 이제까지의 경험상 튀는 것은 위험하고, 일반적으로 아이디어를 내는 사람에게 일이 주어지는 것을 많이 봤기 때문이다. 따라서 일잘러가 되기 위해서는 이런 분위기의 회의를 살릴 수 있는 스킬을 익혀둘 필요가 있다. 회의가 삐걱거리지 않고 잘 돌아갈 수 있게 하는 기름칠의 비법이다.

회의 주제를 명확하게 인식하게 한다

회의를 하다 보면, 배가 산으로 가는 경험을 많이 하게 된다. 꼭 옆길로 새는 사람들이 있다. 이에 일잘러는 회의의 주제를 명확하게 인식시키고, 옆길로 새고 있는 발언들은 별도로 정리해두어 원래의 흐름을 잘 지킬 수 있게 한다. 이를 위해 처음 시작할 때 회의의 방향을 명확하게 정리하는 것, 시간별 아젠다를 참석자들의 눈에 잘 띄는 곳에 써두는 것이 좋다.

아이디어 발산과 평가를 분리한다

아이디어 발산 단계에서 평가자가 등장하면 추가적 의견의 확장을 방해하게 된다. 특히 상사가 인상을 쓰면서 "개념 있는 얘기 좀 해!"라고 말하는 순간, 모든 아이디어의 발산은 멈추게 된다. 따라서 아이디어 발산을 위한 시간과 평가를 위한 시간, 결정을 위한 시간을 분리해서 운영하는 것이 효과적이다. 특히 이 과정을 위해 포스트잇을 적극적으로 활용하는 것이 효과적이다.

회의록 정리를 잘한다(3W 원리)

회의록 정리는 진행자가 별도로 다른 담당자를 지정하는 것이 좋다. 회의록은 신속하게 작성되어야 하고(회의 종료 후 1시간을 넘기지 않는다), 짧게 작성되어야 하고(1페이지를 넘기지 않는다), 명확하게 작성되어야 한다(3W 원리: Who(누가), What(무엇을), When(언제까지)).

가치를 창출하는 마무리를 한다

많은 조직은 '감사합니다' 혹은 '수고하셨습니다'라는 말로 회의를 마무리 짓는다. 그러나 가치를 창출하는 일잘러는 이런 형식적인 멘트 대신 진행 내용, 진행 일정, 책임 사항을 정리한다. 회의의 가치가 제대로 창출되기 위해서 마지막 마무리는 회의의 랩업(Wrap-up)으로 바뀌어야 한다. 감사인사는 그 이후에 해도 늦지 않는다.

관리자가 되면 조직과 나를 분리하기 어렵다. 조직의 회의 문화가 망하는 이유는 내가 망하는 회의 스킬을 가지고 있기 때문이다. 촉매 작용을 하기 위한 약간의 기술을 익혀보자. 죽은 것 같았던 우리의 회의 시간이 활발해지고, 불꽃이 튀고, 생기가 충만하고, 홍하는 공기가 흐르기 시작할 것이다.

소통의 장을 만드는
회의 퍼실리테이션 Tip!

회의는 사람들이 모여서 일하는 조직에서 없어서는 안 될 중요한 활동이다. 그렇지만 많은 사람의 생각은 이 회의만 없었으면 좋겠다고 생각한다. 없어서는 안 될 활동이 없었으면 좋겠다고? 뭔가 잘못되어도 많이 잘못됐다. 그럼 무엇이 잘못된 것일까? 바로 회의 준비가 잘못되어 이런 일이 발생하는 것이다. 망하는 회의가 아닌 소통의 장이 되는 회의가 되게 하려면 무엇을 알고 해야 하는지 알아보자.

아무리 시간이 없어도 오프닝은 챙기자

회의에 참석하면 빨리 끝내야 한다는 생각이 지나쳐 다짜고짜 본론으로 질주하는 경우가 많다. 회의가 늘어지거나 제시간에 마치지 못하는 것도 주의해야 하지만, 오프닝을 제대로 하지 않으면 회의에서 원하는 것을 얻지 못할 가능성이 크다. 사람은 버튼만 누르면 답이 나오는 기계가 아니기 때문에 어떤 일에 집중하는 데 10~15분 정도 시간이 필요하다. 이 시간을 오프닝으로 활용하여 참석자들이 웜업을 하고, 자신이 이 회의에서 무엇을 해야 하는지 명확하게 이해하고, 자신이 말할 분위기라는 생각이 들게 만들 필요가 있다.

오프닝에는 회의의 목적, 세부 안건, 진행 순서를 명확히 공유하고 서로 모르는 사람이 있다면 소개하는 시간을 갖는 것이 좋다. 보통 50~60분가량의 회의라면 5~8분 정도를 오프닝에 할애한다.

쉽지 않은 정시 시작

어떤 일이든 정해진 시간에 시작하는 일은 중요하다. 하지만 현실은 이론처럼 정해진 시간대로 돌아가지 않는다. 꼭 1~2명은 회의 시간이 지났는데도 감감 무소식이다. 또 1~2명은 가고 있다는 문자 메시지나 전화를 한다. 이렇게 참석자들이 모두 참석하지 않은 상태에서는 회의를 시작해야 할지 망설여진다. 이런 때는 정시에 참석해서 기다리는 사람들도 존중해야 하고, 회의 종료 시간도 지켜야 하기 때문에 바로 회의를 시작하는 것이 바람직하다. 단, 상황을 봐서 재치 있게 진행할 필요가 있다.

참석자의 3분의 2가 참석했다면 회의를 시작하고, 절반 이하가 아직 오지 않았다면 기다려야 한다. 이때 오프닝을 하면서 아이스 브레이킹 시간을 갖는 것이 좋다. '다 아는 직원들끼리 뭔 아이스 브레이킹이냐?'라고 생각할 수 있으나 요즘 회사 돌아가는 이야기나 회의와 관련된 소소한 얘기 등의 가벼운 대화 정도면 충분하다 (머리와 입을 스트레칭하는 것이다). 그런 후 회의의 목적, 세부 안건 등으로 이어가며 자연스럽게 오프닝을 하면 된다. 늦는 사람들이 밉기는 하지만, 그들을 너무 미안하게 만들면 진행자에게도 좋을 게 없다. 따라서 자리 정도는 문에서 가까운 쪽, 앉기 좋은 쪽을 비워두는 배려를 해주는 것이 좋다.

아이디어의 발산과 수렴은 나눠서 하자

회의를 하다 아이디어를 내야 할 때가 있다. 상황을 가만히 관찰해보면 한 사람이 아이디어를 내면 다른 사람들이 그 아이디어를 평가한다. 자기 혼자서 하던 습관을 다른 사람에게도 하는 것이다. 생각을 발산하는 것과 수렴, 즉 평가와 선정은 각각 성질이 아주 다른 두뇌 활동이다. 물론 혼자서는 이 두 가지가 비교적 원활하게 스위칭된다. 하지만 많은 사람이 모여 각자의 의견을 내는 회의에서 이렇게 하게 되면 참석자들의 발산과 수렴이 뒤엉켜 시간만 흘려보내게 된다. 또한 자신이 낸 아이디어가 즉각 평가받기 시작하면 나중에는 어느 누구도 입을 열지 않게 될 것이다.

아이디어의 발산과 수렴을 나누는 가장 효과적인 방법은 두 활동 사이에 시간차를 두고 숙고의 시간을 갖는 것이다. 하지만 1시간 이내에 끝내야 하는 회의라면 이런 방법은 쉽지 않다. 이런 때는 먼저 아이디어를 발산하고 이어서 수렴하되, 자신의 아이디어나 자신의 부서에서 낸 아이디어는 제외하고 평가하는 방법을 활용할 수 있다. 좋은 아이디어는 한 번에 도출되지 않는다. 잘 정련된 순금 같은 좋은 아이디어를 원한다면 아이디어를 수렴하고 다듬는 회의를 한 번 더 진행하는 것이 바람직하다.

다수결이 아니라 합의의 과정이 필요하다

각 부서가 모여 각자의 이해관계를 놓고 회의를 하는데 마지막 결론을 다수결로 정하는 경우가 있다. 이는 분명히 나중에 문제가 발생하게 되어 있다. 다수결은 회의 참석자의 의견이 충분히 반영된 결과가 아니기 때문이다.

합의는 의견이나 결과에 반대하지 않고, 내용을 이해했고, 서로 논의의 시간을 거쳤으니 최소한 발목 잡지는 않을 것이다. 그리고 필요하다면 지원과 지지를 하겠다는 의미이다. 합의는 반대하는 소수를 설득하기 위해 하는 것이 아니다. 반대의견을 들어보고 이해할 수 있는 부분과 그렇지 않은 부분을 판단한다. 이는 다수의 생각이 집단사고에 의해 잘못된 방향으로 결정되는 것을 방지하기 위함이다. 따라서 회의는 다수결이 아니라 합의의 과정이 필요하다.

마무리를 잘해야 작품이 빛이 난다

좋은 퍼실리테이터는 오프닝과 중간 과정만큼 마무리도 잘해야 한다. 합창이 끝날 때 마지막 음이 잘 맞아야 하는 것처럼 마무리를 잘해야 회의의 가치가 더욱 빛나게 된다.

마무리에 필요한 사항은 다음과 같다.
첫째, 회의시간을 연장하거나 다음 회의가 필요한지 참석자들과 논의한다.
둘째, 회의에서 다뤘던 내용을 랩업(Wrap-up)한다.
셋째, 회의 후 참석자들이 해야 할 일(Action items)과 납기를 상기시킨다.
넷째, 회의 참석에 대한 감사 인사를 한다.

비대면 화상회의에서는 회의 진행자가 컴퓨터나 스마트 기기를 조작해야 하는 일
이 많다. 그러므로 반드시 회의록을 작성하고 진행자를 돕는 부진행자를 지정하는
것이 좋다. 부진행자는 진행자를 도와 회의를 원활하게 하고 늦게 참여한 참석자
가 있다면 현재까지 작성된 회의록을 메일이나 메신저로 공유해 회의 진행 내용을
파악하도록 도와준다.

▶ **함께 보면 좋은 책**

　《소통을 디자인하는 리더 퍼실리테이터》, 채홍미 외 지음
　《민주적 결정방법론 퍼실리테이션 가이드》, 샘 케이너 외 지음

6장

프로 일잘러의 시간 관리

바쁘지만 여유 있는 비결

크로노스와 카이로스

고대 그리스인들이 시간을 표현할 때 사용했던 두 가지의 방식이다.

크로노스는 일정한 속도와 방향으로 기계적으로 흘러가는 연속한 시간을 말한다. 즉 아침이 되고, 점심이 되고, 저녁이 되는 시간이다. 어제에서 오늘 그리고 내일로 흘러간다. 아무런 노력 없이도 크로노스는 일정하게 흘러간다.

반면 <u>카이로스</u>는 인간의 목적 의식이 개입된 주관적, 점섬적 시간을 말한다. 인생의 방향을 좌우하는 기회의 시간이며, 결정의 시간이다. 시각이라는 말로 표현되기도 하고, 기회라는 말로 표현되기도 한다. 크로노스는 우리에게 주어진 시간이고, 카이로스는 우리가 찾아야 하는 시간이다.

모든 사람은 크로노스와 카이로스 속에 존재한다.

그러나 어떤 사람은 크로노스만을 살아가기에 그저 늙어간다. 시간을 소모하고 항상 시간에 쫓긴다.

반면 크로노스 속에서 카이로스를 살아가는 사람들이 있다. 이런 사람의 시간은 목적의식 속에서 재창조되고, 새롭게 되고, 의미를 만들어준다. 소모되는 시간이 아니라 창조의 시간이 된다. 이런 사람들에겐 여유와 생기가 넘친다.

일잘러의 시간은 어떤 시간이어야 할까?

날마다 더 수준 높은 일잘러가 되기 위해서 우리의 시간은 가치를 더해가는 카이로스의 시간이 되어야 한다.

<u>시간 관리의 최고봉은 현재의 시간이 아닌 미래의 시간을 값지게 만드는 것이다.</u>

이번 장에서는 미래의 시간을 값지게 만드는, 흘러가는 시간에 목적의식을 불어넣는 일잘러의 공식을 같이 살펴보자.

시간 파레토 곡선에 담긴
프로 일잘러의 비밀

● 김 과장의 비명
"바빠, 바빠! 바빠 죽겠어!"

나는 항상 바쁘다. 일은 해도 해도 끝이 나지 않는다. 도대체 뭐가 잘못된 걸까? 하지만 박 과장은 여유가 있어 보인다. 똑같은 시간을 일하는데 항상 여유 있는 박 과장의 비밀은 무엇일까?

시간 파레토 곡선에 담긴 일잘러의 비밀

사람들의 업무 패턴을 가만히 살펴보면, 일잘러와 일못러가 보인다. 일잘러의 시간과 일못러의 시간은 다르게 흘러간다. 업무를 받았을 때, 일잘러의 모습과 일못러의 모습은 다음과 같은 차이가 있다.

A와 B 중 어느 곡선이 일잘러일까?

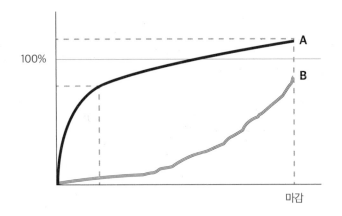

짐작할 수 있는 것처럼 A가 일잘러의 모습이고, B가 일못러의 모습이다. 이 곡선은 마감 시간까지 크로노스로 흘러간 사람과 카이로스로 흘러간 사람의 차이를 보여준다. A 곡선은 초창기에 일의 방향과 전체의 계획을 잘 세워두었기에 그다음의 시간이 목표물을 향해 완만하게 나갈 수 있었다. 반면, B의 모습은 일을 되는 대로 하고 있다. 준비되는 대로, 진행되는 대로 일을 해나가는 모습이다. 이 곡선의 차이를 좀 더 자세히 살펴보자.

일잘러는 초반에 80%를 달성한다

일잘러는 초반에 제대로 일의 계획을 세우고 방향성을 잘 잡는다. 중요한 일, 꼭 필요한 일들은 초반에 대부분 완성된다. 반면, 일을 못하는 사람은 중요하지 않은 사소한 일을 하느라고 업무 초기 시간을 소모한다.

일잘러는 항상 지시한 것보다 조금 더 한다

방향성을 잘 잡고 일을 진행하기 때문에 일잘러는 100%를 살짝 넘긴 결과물을 가져다준다. 상사를 위한, 고객을 위한 '플러스 알파'가 준비되어 있다. 반면 일못러는 항상 2%가 모자란다.

일잘러는 항상 뒤로 갈수록 여유가 있다

이미 100%를 넘긴 결과물을 보유하고 있기 때문에 일잘러는 뒤로 갈수록, 마감 시간으로 갈수록 여유가 있다. 여유가 있기 때문에 업무 중반부터는 완성도를 높이는 작업에 들어갈 수 있다. 그래서 결과물의 품질이 높고 결점이 거의 없다. 반면 일못러는 뒤로 갈수록 피치를 올린다. 마감 시간 전에 항상 온 힘을 쏟아야 하고, 다른 부서와 핏대를 올려가며 우리 것부터 해달라고 아우성치고 있다면 일을 잘하는 사람의 모습은 아니다. 이를 증명하듯이 피터 드러커는 "고(高)성과 조직일수록, 효율성이 높은 조직일수록, 일을 진행할 때 소리가 나지 않는다"라고 말했다.

일잘러는 돌발 상황에도 대응이 가능하다

일잘러는 이미 100%를 넘긴 결과물을 보유하고 있기 때문에 돌발 상황이 발생해도 크게 당황하지 않는다. 또한 일을 진행할 때 리스크 요인도 검토하고 준비하기 때문에 일잘러는 돌발 상황에 대응할 수 있다. 반면 일못러는 돌발 상황에 대응하기 쉽지 않다. 그래서 돌발 상황이 발생하면 치열하게 저항할 수밖에 없다.

업무를 대할 때 어떤 방식으로 시간을 대하고, 시간을 어떻게 사용하고 있는지에 따라 곡선의 궤적은 달라진다. 시작은 작은 차이지만 결과물에서는 상상할 수 없는 '클래스'의 차이를 만든다.

시간 매트릭스에 담긴
프로 일잘러의 행복한 업무 비법

● 김 과장의 비명
"도대체 나는 왜 퇴근을 못 하는 거야?"

일이 안 끝난다. 매번 너무 치열하게 매달려야 한다. 매번 싸워야 하고, 매번 설득이 필요하다. 양보하기 어렵다.

　그렇다면 당신은 시간 매트릭스를 제대로 이해할 필요가 있다.

시간 매트릭스와 분산 투자의 비밀

시간 매트릭스는 스티븐 코비 박사의 《성공하는 사람들의 7가지 습관》에 소개되면서 전 국민이 알고 있는 매트릭스가 되었다. 아이젠하워 매트릭스라고도 불리는 이 시간 관리 도구의 핵심은 우리가 할 일을 대할 때 중요도와 긴급도를 기준으로 일을 나눌 수 있어야 한다는 점이다.

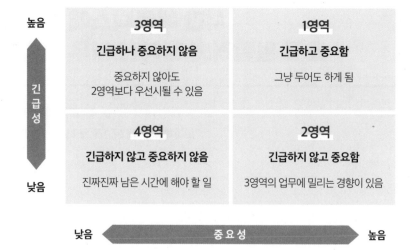

위의 매트릭스를 통해 우리는 일을 나누고, 업무의 우선순위를 정할 수 있는 프레임을 이해할 수 있다. 그럼 시간 매트릭스를 좀 더 자세히 분석해보자.

업무 현장에서 우리는 어떤 순서로 움직일까? 일반적인 직장인이라면 1영역의 일부터 시작한다. 회사에서 1영역의 업무는 미룰 수 없다. 다른 부서에서 쪼고, 상사가 쪼는 영역의 일이기 때문이다. 그러면 1영역의 업무를 끝내고 어떤 일을 하게 될까? 때에 따라 1영역 이후에 4영역으로 넘어가서 시간을 때우는 사람도 있지만, 대부분의 성실한 직장인은 여기서 보통 3영역의 일을 처리한다. 하지만 그다음이 중요하다. 그다음은 어디로 향할까? 많은 사람의 생각은 2영역일 것 같지만, 대부분의 사람은 4영역으로 향한다. 동기와 차 한 잔 마시고, 담배 한 대 피우고, 미뤘던 인터넷 검색도 한다. 즉 현장에서 대부분의 경우 우리는 1영역 → 3영역 → 4영역으로 시간을 사용하고 퇴근한다. 2영역은 어제와 마찬가지로 오늘도 스킵한다. 미뤄져도, 간과하게 되어도 신경 쓰지 않는다.

이 매트릭스의 영역별 특징을 좀 더 살펴보면, 1영역은 퇴근을 결정하는 영역이다. 1영역이 안 끝났다면 우리는 퇴근을 할 수 없다. 설령 퇴근했다 할지라도, 당장 불려 들어오게 되는 슬픈 일이 발생할 수 있다.

3영역은 분주함의 원인이 되는 영역이다. 3영역이 큰 사람들은 하루 종일 정신없이 살게 된다. 4영역은 허무한 하루의 원인이 되는 영역이다. 하루를 마감하며 '허무하다'라는 생각이 드는 것은 4영역이 큰 사람의 특징이다. 2영역은 우리의 미래 가치를 결정하는 영역이다. 따라서 우리의 일과 중에서 2영역을 위한 공간이 없다면, 우리의 미래 가치는 점점 줄어들게 된다.

직장인이면서 40권이 넘는 책을 쓰고, 수많은 강연과 기고를 하는 것으로 유명한 김지현 상무가 있다. 그는 대기업의 임원이면서 대한민국 최고의 IT 전문가, 디지털 비즈니스 전략가로 손꼽힌다. 대표적인 일잘러라고 할 수 있는 그의 시간에 대한 철학은 새겨둘 만하다.

"투자의 기본 원칙은 분산 투자이다. 시간 역시 마찬가지다. 오늘의 시간을 모두 회사 일에만 100% 투자해서는 안 된다. 미래의 시간을 위해 오늘의 시간 일부는 분산 투자해야 한다. 회사 일이 아닌 세컨드 잡을 위해 시간을 투자해야 한다. 일의 범위를 수평적으로 확대해야 한다."

당신의 하루에 2영역을 위한 시간이 없다면, 당신은 미래를 위해 시간을 전혀 분산 투자하지 않고 있는 것이다. 그만큼 당신의 미래에 잠재된 리스크는 커진다.

시간 매트릭스에 담긴 행복한 직장 생활의 비밀

시간 매트릭스를 좀 더 살펴보면, 반드시 기억해야 할 원칙들이 있다.

퇴근을 앞당기려면 1영역을 관리해야 한다

앞에서 언급한 것처럼, 1영역의 업무가 많이 남아 있으면 퇴근을 할 수 없다. 1영역의 업무가 끝나야 마음이 편해진다. 그렇다면 1영역의 업무를 줄이는 것이 퇴근의 비법이라 할 수 있는데, 그 방법은 단 한 가지밖에 없다. 바로 2영역의 업무를 많이 해두고, 3과 4영역의 업무가 1영역으로 넘어오는 것을 방지하는 것이다.

예를 들어보자. 월말 기획안 제출 업무는 월초인 지금 어떤 영역의 업무엇일까? 당연히 2영역이다. 급한 것은 아니지만 중요한 업무다. 만약 2영역의 업무를 위한 시간을 미리 마련해두고 월초부터 매주 1시간씩 준비했다면, 월말에 이 업무는 1영역으로 들어오지 않는다. 당신은 미리 끝내 두었을 것이고, 사전에 상사와 방향성을 맞춰서 칭찬받는 기획안을 써 두었을 가능성이 크다.

반면, 만약 손을 대지 않고 있었다면 어느새 이 업무는 1영역에 자리 잡게 된다. 계속 묵직한 돌덩이처럼 마음속에 부담감으로 남아 있던 이 업무를 내일까지 완료해야 된다면, 이 기획안은 아마 날림으로 작성될 가능성이 크다. 설령 작성했다 해도 품질을 보장할 수 없는 기획안이 될 것이다. 2영역을 잘 관리하면 1영역이 줄어들고, 줄어든 1영역은 당신의 삶에 더 많은 자유를 확보해줄 것이다.

1영역이 줄어야 일을 즐길 수 있다
행복하게 일하려면 1영역이 작아져야 한다

1영역은 상호 양보할 수 없다. 나도 1영역, 상대방도 1영역에 매여 있다면 둘 중 누구도 양보할 수 없는 입장이 된다. 그렇게 되면 일을 하는 내내 협업이 어려워지고 자신의 업무만 해내느라 진을 빼게 된다.

나의 경우를 예로 들어보자. 나는 보통 강의를 할 때, 2시간 전에 도착해 있으려고 한다. 일찍 출발하면 차도 막히지 않고, 가는 동안 오디오로 어학 공부를 하거나, 평상시 관심 있었던 강연을 들을 수 있기 때문이다. 강의를 가는 날, 운전을 하는 이동 시간은 내게 공부의 시간이 된다. 또 여유가 있기 때문에 운전을 즐기고, 양보도 잘해주며 좋은 기분을 유지할 수 있다. 가는 내내 최소 다른 운전자들로부터 고맙다는 신호를 10번은

받으면서 이동할 수 있다. 지금 빨리 가는 것은 나에게 중요하지도, 급하지도 않기 때문에 4영역이다.

반면 강의 시간에 빠듯하게 맞춰 출발했다면 강의장에 도착하는 것은 내게 1영역이 된다. 중요하고 급한 일이 되는 것이다. 그렇게 되면 나는 누구에게도 양보할 수 없다. 가는 내내 치열하게 운전해야 하고 강의장에 도착하면 녹초가 되어 있을 것이다. 당연히 컨디션이 좋지 않은 상태로 강의를 해야 할 것이다.

평상시 행복하고 즐겁게 일하려면 1영역을 줄일 수 있어야 한다.

그럼 어떻게 1영역을 줄일 것인가?

이것이 행복하게 일할 수 있는 고민의 핵심이다.

매번 비명을 지르고 있다면, 퇴근을 하기 위해 또는 치열한 업무 때문에 녹초가 된다면, 시간 매트릭스에 담겨 있는 1영역의 비밀을 고민해야 한다.

시간 자산을
만드는 법

'2영역의 업무를 미리 해두는 것이 1영역을 줄일 수 있다고? 나는 1영역의 일을 할 시간도 매일 모자라다고!'

직장에서 많은 사람이 공통적으로 느끼는 생각일 것이다. 시간을 투자하기에는 우리가 가진 시간 자산이 너무 부족하다. 매일매일 주어지는 일만으로도 벅차다.

그럼 투자를 위한 종자 시간(Seed time)을 어떻게 만들 수 있을까? 먼저 시간을 부족하게 하는 집중력 부족을 해결하고 종자 시간을 만드는 습관을 들여야 한다.

이번 장에서는 일잘러의 종자 시간을 만드는 비법을 알아보자. 이 습관을 들일 수 있다면, 당신도 시간 부자가 될 수 있다.

Real working time management:
업무 집중도를 무섭게 올려주는 습관

당신은 어제 몇 시간 동안 일을 했는가? 출근 시간과 퇴근 시간을 묻고 있는 게 아니다. 진짜로 일한 시간을 묻고 있는 거다.

실제로 이 질문을 해보면 제대로 답을 할 수 있는 사람이 거의 없다. 우리는 출퇴근 시간은 명확하게 알지만, 내가 몰입해서 일한 시간은 기록하지 않기 때문이다.

이것을 3일만 기록해보자. 놀라운 것을 발견하게 된다. 즉 실제로 집중해서 일한 시간이 그리 많지 않다는 것을 알게 될 것이다.

시간을 정복한 남자라고 불리는 '류비셰프'라는 구소련의 과학자가 있다. 그는 70편 이상의 단행본을 냈고, 생물학, 곤충학, 철학, 문학, 역사에도 전문가를 능가하는 식견을 가지고 있었던 것으로 알려져 있다. 이렇게 많은 성취를 이뤄냈던 그는 잠을 거의 안 자고, 문화생활도 거의 하지 않았을 것 같지만, 매일 8시간을 취침하고, 운동과 공연, 취미생활도 누렸다고 말한다.

그의 말 가운데 곱씹어볼 부분이 있다.

"사람들은 보통 하루에 14~15시간을 일한다고 말한다. 나는 솔직히 단 하루도 그렇게 많은 시간을 일한 적이 없다. 가장 열심히 일했던 달은 하루 평균 7시간씩 일을 했다. 보통은 5시간을 넘기지 않는다."

많은 연구 업적을 남긴 대가가 하루 동안 진짜로 일한 시간이 5시간을 넘기지 않았다고 말한다. 그의 이런 말은 우리의 뒤통수를 때린다.

'일하는 것도 아니고, 그렇다고 쉬는 것도 아닌 그런 흐지부지한, 그러면서도 마음 불편한 시간이 얼마나 많았던가?'

누구에게나 똑같이 주어진 시간을 우리는 왜 류비셰프처럼 사용하지 못하는 걸까? 사실 우리가 시간이 부족하다고 느끼는 데에는 다른 이유가 있다. 류비셰프의 말에서 짐작할 수 있듯이 일에 집중할 수 있는 능력에 있는 것이다. 하는 일은 없는데 분주하기만 한 사람은 일에 대한 집중력이 낮은 사람이다.

우리의 두뇌에는 우리의 의도를 정리하는 집행기능(Executive function)이 있다. 집행기능은 우리의 기억을 바탕으로 우리가 할 일에 필요한 정보를 준비한다. 그런데 우리는 단기간에 7~9개 정도밖에 기억할 수 없다. 따라서 순차적으로 해야 할 세부적인 업무에 무엇인가 새로운 것이 끼어들면 우리는 집중력을 잃게 되면서 여기저기 왔다 갔다 한다.

집행기능은 반응이 느리다. 하나의 활동에서 다른 활동으로 옮겨갈 때 주의를 전환하는 데 상당한 시간이 걸린다. 노동학자들이 연구한 바에 의하면, 어떤 한 가지 일에 집중하려면 15분 정도가 필요하다고 말한다. 그 전에는 작은 방해만 받아도 집중하지 못하고 시간만 보내게 된다. 우리가 오전 시간에 마음먹고 기획서를 쓰려고 하는데, 몇 통의 전화가 오면 시간은 이미 훌쩍 지나 있고, 또 얼마 지나지 않아 동료가 점심식사를 하러 가자고 하는 경험을 종종하게 되는 것도 이런 이유에서다.

업무 현장에서 이런 시간이 얼마나 많은지 우리는 알고 있다. 그렇다면 자신이 진짜 업무에 몰입하는 시간, 즉 Real working time을 관리해보자. 그리고 이것을 위한 방법을 실천해보자.

1단계: 일을 시작할 때 다이어리에 '일의 시작 시간, 하는 일, 일의 종료 시간, Real working time' 4가지를 적어보자

예를 들어 나는 업무 계획상 오늘 해야 할 일이 여덟 가지다. 아침에 글을 쓰려고 한다면 이렇게 적는 것이다.

- 5:30 운동 6:00(30분)
- 6:20 책 쓰기 7:10(50분)
- 7:25 책 쓰기 7:45(20분)

갑작스럽게 다른 일을 하게 될 경우에는 일의 흐름이 끊긴 것이기 때문에 일을 종료한 후 다시 돌아와서 일을 지속한다. 이렇게 되면 뇌는 일의 목표가 명확해졌기 때문에 다른 일 때문에 헤매지 않게 된다.

2단계: 업무를 세분화하자

규모가 큰 업무는 세부적인 업무로 나누어 목록을 작성하고 시간을 기록한다. 책을 한 권 쓰는 것은 시간도 오래 걸리고 규모가 큰일이다. 그러나 한 개의 챕터만 쓰겠다거나, 한 단락만 쓰겠다고 한다면 일에 대한 두려움도 줄어들고 집중력을 향상시킬 수 있다. 특히 업무에 집중하기 어려울수록 업무를 잘게 나누고, 단위 업무의 완료를 체크해가면 집중력을 높일 수 있다.

또한 하다가 다른 일이 생겨도 일단락 지은 부분 다음부터 다시 시작하면 되기 때문에 초기 집중에 들이는 시간을 줄일 수 있다. 업무를 세분할 때는 단시간에 집중할 수 있는 정도의 크기가 좋다.

3단계: 새로운 생각이 떠오르면 메모하고 다시 하던 일을 이어가자

지금 현재 하고 있는 업무와 관련 없는 생각이 떠오르면 그걸 바로 메모지에 적어놓는다. 그런 후 적어놓은 생각에 주의를 빼앗기지 말고 곧바로 하고 있는 업무를 계속한다. 현재 하고 있는 업무를 마친 후 메모지에 적어놓은 생각을 시작하면 된다. 이렇게 하면 업무를 하다가 다른 일을 걱정하느라 시간을 보내고, 정보 검색을 하다가 인터넷 쇼핑으로 빠지는 일을 방지할 수 있다.

물론 이러한 단계가 처음부터 잘 되지는 않는다. 훈련이 필요하다. 이 훈련을 지속적으로 하다 보면 자신의 생각을 조절할 수 있는 능력을 얻게 된다. 이런 훈련 방법은 이미 주의집중을 개선하는 인지 행동 치료 방법으로 잘 알려진 것이다. 먼저 업무를 단위별로 기록한다. 집중력이 떨어지는 업무가 많다면 세분화하고, 새로운 생각이 떠오르면 메모하자. 이렇게 점검해보면 우리가 얼마나 많은 시간을 집중하지 못하고 낭비하고 있는지 알 수 있게 될 것이다. 알게 되면 조금이라도 낭비되는 시간을 아껴 종자 시간으로 만들 수 있다.

시간과 업무의 궁합을 알아라: 골든 타임 관리법

모든 일에는 때가 있다. 일을 쉽게 할 수 있는 때를 기회라고 한다. 일이 쉽게 되는 시간이 있다. 그 시간을 잘 활용하면 순조롭게 업무를 진행할 수 있다. 이것은 뇌와 호르몬의 작용으로 증명된다. 회사에 출근해서 일을 할 때, 가장 적합한 시간에 적합한 일을 하자. 이를 위해 기억해야 할 업무 궁합의 키워드가 있다.

- 메일은 가급적 수신자들이 가장 일을 열심히 하고, 계획을 세워야 하는 업무 시작 전에 보내자.
- 오전 업무의 키워드는 타인에게 시켜야 하는 것, 급한 것, 당일 내에 끝내야 하는 것, 해결해야 하는 복잡한 문제 등이다.
- 오후 업무의 키워드는 본인 스스로 할 수 있는 것, 장기 업무, 단순 자료 준비, 정보 처리 업무 등의 내용이다.

이 세 가지 키워드만 기억해도 업무가 훨씬 수월해지고, 시간을 많이 단축할 수 있게 될 것이다.

메일의 골든 타임: 업무 시간 전~ 9시

직장인들이 보통 회사에 와서 제일 먼저 하는 일이 무엇일까? 빙고! 커피를 준비한다. 그리고 대부분 커피를 마시면서 메일을 체크한다. 일반적으로 아침 8시경이면 밤에 수면을 도왔던 멜라토닌의 분비가 멈추면서

뇌의 사고 능력이 오르기 시작한다. 메일을 읽으면서 사고 능력은 더욱 촉진되고, 이때 마신 커피의 카페인으로 기분이 좋아진다. 따라서 이 시간에 메일이 도착해 있다면 즉시 확인하는 것이 좋다.

8~9시 사이에 할 일은 우선 하루 업무 일정을 정리하고 메일을 보내는 것이다. 메일을 보낼 때는 제목을 잘 써서 내용을 바로 이해할 수 있도록 하자. 메일의 우선순위는 금일 중에 회신을 받아야 하는 것부터 보낸다. 내용이 길 경우에는 한 가지 화제만 쓰는 것이 좋고, 그리 길지 않다면 2~3가지의 화제를 한 번에 묶어서 메일을 쓰는 것이 좋다.

업무 요청의 골든 타임: 9~10시

업무는 혼자 하는 것이 아니라, 다른 사람들에게 요청해야 하는 경우가 많다. 타 부서, 타 회사의 관계자들에게 일을 부탁하고 결과물을 받아야 한다. 메일 이외의 방식으로 업무를 요청한다면 이 시간대에 하는 것이 좋다. 그래야 상대방도 일을 해주기 위해 본인의 업무 일정에 요청받은 일들을 집어넣을 수 있다. 오후에 부탁을 받게 되면 대부분 퇴근 시간에 영향을 줄 수 있기 때문에 달갑지 않고, 당일에 답을 주기 어려워진다. 전화든 메신저든 일을 부탁할 때에는 9~10시가 좋다.

핵심 업무의 골든 타임: 10~12시

인간의 사고 능력이 가장 좋은 시간으로 업무 생산성이 최고조에 달한다. 또한 이 시간은 일의 의욕이 가장 높고 에너지가 많은 시간이다. 하루 중 복잡한 문제를 해결하는 데 가장 좋은 시간대이므로, 이 시간대에 핵심 업무를 배치하자. 중점적으로 처리해야 할 업무들을 이 시간대에 하는 것을 권장한다. 연구자들에 의하면 실제로 시간에 따른 생체 반응에 따라 문제해결 능력은 30%까지 차이가 난다고 한다. 많은 회사에서 주로 이 시간대에 집중 근무제를 운영하고 있는 것도 이러한 측면에 기인한다. 만약 회사에서 집중 근무제를 운영하지 않는다면, 스스로 이 시간을 중점 업무 시간으로 운영해보자. 휴대폰도, 메신저도 가급적 보지 않고 일에 집중하는 것이다.

활동적인 업무의 골든 타임: 1시 30분~ 2시 30분

머리가 무겁고 몽롱하다. 점심 식사 후 나른해지는 이유에 대해 식곤증을 원인으로 드는 경우가 많지만, 정확한 이유는 밝혀지지 않았다. 이때는 숫자를 지속적으로 봐야 하는 엑셀 업무나 보고서 작성보다는 몸을 많이 움직이는 일을 하는 것이 효율적이다. 예를 들어, 우편물을 가지러 간다거나 문서 캐비닛을 정리하는 것이다. 하루의 일과를 계획할 때 활동적인 일은 이 시간대에 배정하는 것도 좋은 방법이다. 이 시간대에 가장 좋지 않은 일은 회의를 하는 것이다.

단순 처리 업무의 골든 타임: 3~5시

이 시간대가 되면 머리가 다시 깨어나고 일의 효율이 올라간다. 뇌의 반응 시간도 짧아진다. 컴퓨터 자판을 치는 속도가 오전보다 빨라진다. 단순 업무를 처리하기 좋은 시간대이다. 뇌 과학자와 인지심리학자의 연구에 의하면 오전보다 오후에 입력된 정보가 더 잘 기억되는 것으로 나타났다. 이것은 시간대에 따라 신체 반응과 정신적 능력이 달라진다는 것을 명백히 보여주는 근거이다. 따라서 오전에는 논리적인 사고를 필요로 하는 업무를 하고, 오후에는 단순 과제를 처리하는 것이 효과적이며 우리의 신체 반응에도 적합하다.

시간의 이종교배: 생산성을 높이는 이상한 역설

업무를 할 때, 한 업무만 너무 오래 하고 있으면 집중도가 떨어진다. 이럴 경우 이종교배의 습관을 들여보자.

머리와 몸의 이종교배

50분 정도 머리를 썼으면 몸을 써서 일하는 시간을 10분 정도 갖자. 책상을 정리하든, 사무실 내 정수기 물통을 갈든 몸을 써보자. 다시 머리를 써야 하는 업무로 돌아왔을 때 한결 수월해진다.

자신의 업무와 타인 업무의 이종교배

업무를 하다가 다른 사람들에게 공유해야 하는 정보, 다른 사람에게 도움이 되는 업무가 있다면 틈틈이 챙겨보자. 나의 업무만 생각하고 있으면 관점이 좁아지고 생각의 숨통이 막힐 때가 있다. 다른 사람의 필요나 도움을 틈틈이 챙겨주는 것은 그리 시간이 걸리지는 않는다. 하지만 시야를 넓게 해주고, 창의적 생각을 할 수 있는 기회를 준다.

업무와 학습의 이종교배

지금 업무의 일정 부분은 미래를 위한 투자로 만들어보자. 예를 들어, 엑셀 업무를 많이 하는 사람이라면 엑셀 책을 항상 가까이에 두자. 그리고 엑셀 업무를 시작하기 전에 10분 정도 책을 읽고 엑셀의 새로운 기능을 포스트잇에 정리해서 눈에 띄는 곳에 붙여두자. 그 후 엑셀 작업을 하는 동안 새로운 기능을 적극적으로 활용해보자.

이런 습관을 들이면, 업무를 하는 시간이 공부를 하는 시간이 된다. 즉 학습과 업무를 함께하는 경험학습이 저절로 되는 것이다. 말 그대로 살아 숨 쉬는 공부가 된다. 결과적으로 엑셀 실력이 눈에 띄게 좋아지면서 작업에 소요되는 시간이 점점 짧아진다. 몇 가지 기능을 아는 것만으로도 시간을 획기적으로 줄일 수 있는 것을 우리는 경험을 통해 알고 있다.

재택근무와 같은 비대면 업무 상황에서 자기주도적인 시간 관리가 더욱 중요해진다. 스스로 시간 관리가 안 된다면 모두에게 동일하게 주어진 시간인 크로노스를 모두 허비하고 항상 납기에 임박해 쩔쩔매며 벼락치기를 하게 될 가능성이 더 커지게 될 것이다.

위에서 소개한 사소한 습관들은 시간 자산을 만들어주고, 자신의 2영역을 위한 시간으로 만들어줄 수 있다. 단순히 흘러가는 크로노스의 상황을 의미 있는 카이로스의 궤적으로 바꿔줄 수 있다.

누군가는 '티끌을 모아봤자 티끌이다'라고 말한다.

그러나 시간과 관련해서는 모아진 티끌이 스노볼이 되어 큰 자산을 만들어준다.

그러면 나의 시간 자산 관리 능력에 대해서는 다음 장에서 진단해보자.

시간 자산 운용 능력
TEST

나는 시간 자산을 얼마나 잘 운용하는지, 시간 부자가 될 확률이 어느 정도 되는지 스스로 테스트해보자.

월요일 아침, 당신의 업무 다이어리에는 다음과 같은 할 일들이 적혀 있다. 이번 주에 어떻게 일을 처리할 것인가?

	업무 세부 사항
1	지난 분기 동종 업계 현황 및 실적 분석(다음 주 목요일까지 필요함)
2	방금 팀장님으로부터 걸려온 상무님께 보고할 메시지 전달
3	급히 다른 부서 담당자를 찾아온 고객 응대
4	거래처 사람으로부터 걸려오는 일상의 안부 전화
5	팀장님이 지시한 시장 조사 보고서 작성(금주 금요일)

6	오후 부서 주간 업무 회의 참석
7	후배(동료) 직원들과의 커피 한 잔 약속
8	팀장님이 언제 시간 나면 고객사에 갖다 주라고 한 회사 기념품
9	금주 마감인 사내 아이디어 공모전 제안서 제출
10	회사에서 새로 구입하기로 검토 중인 복합기 설명회 참석
11	다음 주 워크숍 행사에 따른 행사 장소 사전 점검(다음 주 금요일)
12	메일함에 보관된 정체불명의 광고성 메일 확인
13	이번 달까지 해야 하는 사내 통신 교육 도서 읽기
14	작년 서류 정리 정돈 작업
15	관련 부서에 협조를 구하는 메일 발송
16	입사 동료가 내일까지 도와줄 수 있으면 도와달라고 부탁한 자료
17	3주 후 출장 관련 숙박 및 교통편 예약
18	해야 할 일의 목록 업데이트 및 다음 2주간의 일정 재확인
19	다음 주(목요일 오전) 소방시설 점검 준비
20	조언을 구하는 타 부서 동료의 전화에 회신(오늘 아침 전화왔었음)
21	금년 주요 연간 업무 목표인 '3개의 신규 거래처' 개발

이 일들에 대한 업무 계획을 세우지 않으면 어떻게 될까? 아마도 '아! 이번 주 완전 빡센걸! 진짜 스트레스 받는데, 일단 후배와 커피 한 잔 하고 생각해야지'라고 할 것이다. 그리고 그 이후의 시간들은 닥치는 대로, 손에 잡히는 대로 일을 진행할 가능성이 크다.

그럼 이 일들은 어떻게 처리해야 할까?

1단계: 아이젠하워 매트릭스를 통해 4영역을 분리한다

이 업무 리스트를 접한다면, 먼저 중요도와 긴급도를 기준으로 업무를 분류해야 한다. 이 단계의 핵심은 업무를 4영역에 맞게 분리해낸다는 점이다. 예를 들어, 앞의 업무 세부 항목에서 1번 업무인 지난 분기 동종 업계 현황 및 실적 분석은 중요하지만 급하지는 않다. 2영역이다. 2번 업무는 중요하고 급하다. 당연히 1영역이다.

1. 거래처 사람으로부터 걸려오는 일상의 안부 전화

2. 후배(동료) 직원들과의 커피 한 잔 약속

3. 팀장님이 언제 시간 나면
   고객사에 갖다 주라고 한 회사 기념품

4. 회사에서 새로 구입하기로 검토 중인
   복합기 설명회 참석

5. 메일함에 보관된 정체불명의 광고성 메일 확인

6. 작년 서류 정리정돈 작업

(4영역은 이렇게 적어서 따로 관리한다.)

이렇게 내용들을 정리하면 1~4영역으로 분류할 수 있다. 그런 다음에

4영역은 별도의 포스트잇에 적어둔다. 이 일들은 이번 주에 안 해도 되는 것이다. 적어두었다가 시간이 날 때 하면 된다.

2단계: 각 업무의 우선순위를 정한다

이번 주 내에 해야 할 일들의 리스트가 남았다면, 업무의 내용을 다시 분류해본다. 중요도와 긴급도를 따져서 A, B, C로 분류해보자. A는 오늘 반드시 해야 하는 일이다. 1영역의 업무는 당연히 들어가고, 2영역과 3영역의 일들이 들어가기도 한다. B는 해야 하는 일들이다. C는 하면 좋지만, 안 해도 무방한 일이다.

왜 1, 2, 3영역의 업무를 정한 후 다시 A, B, C로 분류해야 하는 걸까?

우리가 1영역의 업무를 하고, 순서대로 2영역의 업무를 하고, 3영역의 업무를 하게 될 경우 '급한 성격'의 일들을 제대로 맞춰서 하기 힘들게 된다. 따라서 다시 A, B, C로 오늘의 일들을 재배열하는 게 효과적이다.

그렇다면 이제 A 업무 중에서 A1, A2, A3으로 순서를 매기자. B, C도 마찬가지다. 이렇게 정한 후 오늘의 업무는 A1, A2, A3, B1, B2의 순서로 진행해가면 된다. 일의 순서가 생기는 순간, 질서가 잡힌다.

업무를 진행해가면서 마감 시간을 정해두면 몰입이 더 잘된다. 또한 효과적으로 진행할 수 있는 시간대에 맞게 업무를 배정할 수 있기 때문에 일의 효율이 올라간다. 순서를 정했다면 업무의 성격에 맞게 시간을 배정하자. 이렇게 계획을 세웠다면 이제 실행만 하면 된다.

1. 거래처 사람으로부터 걸려오는 일상의 안부 전화
2. 후배(동료) 직원들과의 커피 한 잔 약속
3. 팀장님이 언제 시간 나면 고객사에 갖다 주라고 한 회사 기념품
4. 회사에서 새로 구입하기로 검토 중인 복합기 설명회 참석
5. 메일함에 보관된 정체불명의 광고성 메일 확인
6. 작년 서류 정리정돈 작업

업무	우선순위	A	B	C	시간/비고
분석(차주 목) 금주 40분씩	2		B6		16:30~17:00
전달할 메시지 전달	1	A1			09:00~09:20
응대	3		B1 김주임		09:20
(금주 금) 매일 1시간씩	2		B2		10:00~10:50
	2		B5		15:00~16:00
제출 매일 30분씩	3			C1	16:30~14:00
사전 점검(차주 금)	2		B3		11:00~14:00
교육 도서 읽기 출퇴근 시간	2		B7		
• 관련 부서에 협조를 구하는 메일 발송	1	A2			09:30~19:50
• 입사 동료가 내일까지 도와줄 수 있으면 도와 달라고 부탁한 자료	3			C2	
• 3주 후 출장 관련 숙박 및 교통편 예약	2			C3	
• 해야 할 일의 목록 업데이트 및 다음 2주간의 일정 재확인	2	A3			09:20~09:30
• 다음 주(목요일 오전) 소방시설 점검 준비 매일 30분씩	2		B4		14:00~14:30
• 조언을 구하는 타 부서 동료의 전화에 회신(오늘 아침 전화 왔음)	3		B8		짧게 답 주고 이동 중 통화
• 금년 주요 연간 업무 목표인 '3개의 신규 거래처' 개발	2				

업무 계획 중에 빠지면 안 되는 '가장 큰 함정'

이 업무 리스트를 보고, '이게 끝이다'라고 생각하면 안 된다. 큰일 난다. 시간 자산 운용 능력 TEST에서는 실제로 큰 함정이 있다. 바로 가장 마지막에 있는 '금년 주요 연간 업무 목표인 3개의 신규 거래처 개발'이다.

이 업무는 이렇게 큰 덩어리로 두면 안 되는 업무다. 한 해 동안 부담만 갖게 될 뿐, 전혀 진전이 안 될 것이 눈에 선한 업무다.

이 업무를 받았다면 바로 일잘러의 업무 공식에서 작성했던 프로패드 양식에 그대로 접목해야 한다. 이번 주 업무로 이렇게 큰 덩어리가 올라와 있다는 것 자체가 문제다. 연간 업무 과제에 대해 WBS를 작성하고, 그 활동 중 하나인 '신규 거래처 개발 관련 업무 계획'이나 '신규 거래처 관련 가능 고객 리스트 정리' 같은 내용이 올라와야 한다.

일잘러는 일을 받자마자 사소한 것부터 하지 않는다. 일을 이해하고, 일을 정리하고, 일을 계획한 후에 실행한다. 이것이 크로노스 속에서 카이로스를 살아가는 비결이다.

시간을 잡아먹는
스트레스 관리

'아~, 스트레스 받아. 오늘도 야근인가? 난 왜 맨날 시간 때문에 스트레스를 받아야 할까?'

우리는 이처럼 시간이 없어서 스트레스 받는다는 말을 습관처럼 한다. 그런데 시간이 없어서 스트레스를 받는 것일까, 아니면 스트레스를 받아서 시간이 없다고 느껴지는 것일까? 아마도 깊이 생각해본 적은 없을 것이다. 시간은 누구에게나 동일하게 적용되는 보이지 않는 흐름이다. 따라서 시간이 있고 없고의 느낌은 개인에 의해 발생하는 것이라고 볼 수 있다. 이 개인차가 발생하는 원인 중 스트레스는 우리가 시간이 없다고 느끼게 만드는 중요한 요인이다.

스트레스는 인간이 호모사피엔스 시대보다 더 오래 전부터 생존을 위해 체득한 반응으로 이제는 DNA가 되어 우리에게 작용한다. 위험이 나타나면 생각하기보다 재빠르게 대처해야 한다. 이 때문에 우리 몸은 피를 모아 근육을 단단하게 하고, 털을 곤두세워 몸집을 크게 보이려 한다.

그뿐인가? 뛰기 위해 심장박동이 빨라지고 위험을 감지하려고 동공은 커진다. 지금은 사무실에서 맹수를 만날 확률이 로또 1등에 당첨될 확률보다 낮은데도 스트레스 반응은 예나 지금이나 거의 비슷하게 나타난다. 기껏해야 상사가 달려들 수는 있지만, 물어뜯거나 숨통을 끊는 것도 아닌데 말이다.

스트레스 반응은 우리가 생각과 집중을 하지 못하게 한다. 우선순위를 정하는 이성은 이때 작동하는 기능이 아니다. 스트레스 지수가 점점 올라갈수록 우리는 우왕좌왕하게 된다. 실제로 스트레스를 과도하게 받는 사람은 주의력 장애가 있는 사람처럼 산만해진다. 스트레스를 받으면 일에 집중할 수 없고, 지식근로자의 가장 중요한 기능인 뇌를 사용할 수 없게 되는 것이다. 당연히 스트레스는 시간을 잡아먹는 괴물이 된다. 이런 이유에서 우리는 잃어버린 시간을 찾기 위해 스트레스를 관리해야 한다.

우리가 직장 생활에서 스트레스를 줄이고 시간을 찾을 수 있는 방법을 몇 가지 알아보자.

일단 몸을 움직이자

일을 하다 심한 스트레스 상황에 놓이게 되면 무조건 몸을 움직이는 것이 좋다. 나가서 걷든가, 피트니스센터에서 뛰든가, 테니스나 수영, 체조 뭐든지 괜찮다. 일할 시간도 없는데 그럴 시간이 어디 있느냐는 생각이 들 수 있다. 그러나 뭔가 좁은 구덩이에 빠져 허우적거리고 있는 느낌이 계속될 때는 일단 그 구덩이를 빠져나오는 것이 급선무이다.

스트레스를 받는 상황에서 우리가 몸을 움직여 운동을 하면 스트레스 수치를 낮출 수 있다. 결과적으로 운동에 드는 시간보다 더 많은 시간을 되찾을 수 있게 된다. 그저 앉아서 전전긍긍할 것인가, 나가서 30분이라도 걸은 후 스트레스 수치를 낮출 것인가? 그렇게 어렵지 않은 방법이다. 자신을 임상실험 대상으로 생각하고 몇 차례 시행한 후 결과를 확인해보자.

자신의 일은 자신이 선택하자

요즘 '선택 장애'라는 말이 생겨날 정도로 선택을 못해 안절부절못하고, 심지어 다른 사람에게 자신의 일을 선택하게 하는 사람들도 있다. 이유는 다양하겠지만 선택한 결과에 대한 책임이 부담스럽고, 보다 완벽한 선택을 하려는 마음이 더해져서 그럴 것이다.

오늘날처럼 급속한 변화와 많은 가능성이 주어지는 사회에서는 선택만큼 중요한 것도 없다. 하지만 선택을 하는 과정에서 주도적이지 못하면 스트레스를 받게 되고, 시간이 손가락 사이로 술술 빠져나가는 기분을 자주 느끼게 된다. 여유 시간이 얼마나 있는지는 중요하지 않다. 우리가 얼마나 우리의 일을 주도적으로 선택하느냐에 따라 스트레스를 낮추고 잃어버린 시간을 찾을 수 있다.

생각해보자. 내가 칼자루를 잡고 있을 때와 칼날을 잡고 있을 때 어느 때가 스트레스가 많겠는가? 당연히 나 스스로 주도권을 잡고 있을 때 스트레스도 적고 시간도 효율적으로 사용할 수 있다. 또한 건강도 좋아진다(조직의 최상위자가 그 바로 아래 직급이나 부하직원들보다 평균적으로 건강이 좋다는 연구결과가 있다). 이왕 해야 하는 선택이라면 나 스스로 신중히 고민하되 너무 오래 생각하지 말아야 한다. 이러지도 못하고 저러지도 못할 때 스트레스는 극에 달하고, 시간은 바람처럼 사라진다는 것을 명심하자.

적극적으로 여유 시간을 만들자

직장인들에게 누군가 나서서 여유 시간을 마련해주기란 쉽지 않다. 우리는 마음만 먹으면 삶의 속도를 조정할 수 있음에도 두려워한다. 여유 시간은 할 일이 있을 때 만드는 것이다. 백수에겐 미안한 말이지만, 그들에게 여유 시간이 무슨 소용이 있겠는가? 그들에게 여유 시간이란 일상과 구분되지 않는 의미 없는 경계일 뿐이다.

우리는 시간이 없는 것이 아니다. 시간이 빌까 봐 두려운 것이다.
독일의 생체 물리학자이자 <슈피켈>지의 과학부 편집장으로 일했던 슈테판 클라인은 "여유 시간을 만들려면 활동이 어떤 목적을 위한 수단이 아니라, 그 활동 자체가 목적이 되도록 해야 한다"고 말한다.
그렇다면 다이어트는 일인가, 여가인가? 대부분의 사람에겐 일일 가능성이 크다. 그러니 다이어트를 하면서 스트레스를 받는 것이다. 건강한 활동을 한 자체가 목적이 아니라 체중계에 올라가서 내려간 체중을 확인해야 만족감을 느끼기 때문이다.

여유 시간이란, 보고서를 쓰기 위한 인터뷰가 아니라 대화를 위한 대화, 그냥 음악의 선율이 좋아서 듣는 것, 땀 흘리고 게임의 규칙을 즐기는 스포츠 같은 것이다. 수단이 아닌 목적 그 자체로 시간을 흘려보내는 여유 시간을 통해 스트레스를 낮추고 잃어버린 시간을 되찾아보자.

▶ **함께 보면 좋은 책**

《안녕하세요, 시간입니다》, 슈테판 클라인 지음

《생각의 해부》, 대니얼 카너먼 외 지음

7장

프로 일잘러의 정보는 가치가 다르다

매일 자료를 만들고 보고서를 써도 이전에 작성했던 문서나 선배가 썼던 보고서 내용에서 숫자 몇 개 바꾸고 문장 몇 개 바꾸는 게 전부다. 이러니 업무가 매일 다람쥐 쳇바퀴 도는 것 같은 느낌이다. 뭔가 일을 하면서 배우고 성장했다는 생각이 들지 않고 그냥 때웠다는 생각만 든다.

기획서를 쓰려고 해도 어디서 어떻게 좋은 정보를 수집해야 할지 모르겠다. 항상 내가 쓴 문서는 그 밥에 그 나물 같다는 생각이 든다. 인터넷을 뒤져도 그다지 쓸 만한 정보가 보이지 않는다. 좋은 정보를 얻을 수 있는 유료 사이트가 있긴 하지만, 사용할 수 있는 비용도 없고 매번 시간도 촉박해서 정보를 알아보고 말고 할 겨를도 없다.

많은 직장인의 푸념이다.

정보력은 지식근로자에게 있어서 가장 기본적이면서도 강력한 능력이다. 일잘러와 일못러는 정보력에서 확연한 차이가 난다. 일을 못하는 사람들은 정보를 수집하고 분석해서 업무에 활용하는 선순환의 습관이 형성되어 있지 않다. 당연히 자신만의 시스템도 없다.

일잘러들은 정보력의 기본 공식을 알고 일하는 사람들이다. 물론 우리는 자원의 한계라는 제약 사항 아래에서 일하고 있다. 그래서 우리는 더욱더 언제 어디서나 정보를 수집할 수 있는 자신만의 시스템과 정리 방법을 가지고 있어야 한다. 상황과 업무의 특성에 따라 디지털과 아날로그를 오가며 확보한 정보를 결과물로 연결하여 비용은 낮추고 품질은 높여야 한다.

이번 장에서는 프로 일잘러들이 어떻게 정보를 수집하고 업무에 활용하는지 알아보자.

프로 일잘러의
정보력 '공식'

● 김 과장의 고민
"정보력이 중요하다는 건 알지만 누가 알려주는 사람도 없고,
박 과장은 어떻게 그렇게 좋은 정보력을 갖고 있는지 궁금하네요."

직장에서 새로운 업무를 하게 되거나 프로젝트가 부여되면 가장 먼저 이전에 했던 유사한 업무의 문서를 꺼내본다. 물론 이전 자료를 확인하는 것은 중요하다. 그러나 문제는 거기까지만 한다는 것이다. 일의 특성과 이해관계자의 요구 사항, 관련 트렌드와 기술이 변화되었음에도 그저 이전에 선배가 작성한 문서만 보고 일을 한다. 만일 그 선배도 같은 방식으로 일을 했다면 우리는 몇 년 동안이나 업데이트되지 않은 내비게이션을 켜고 먼 길을 떠난 여행자와 다를 게 없다.

정보력은 '어떤 정보를 어떻게 확보할 수 있는가?'와 '어떻게 그 정보를 분석하고 가공할 것인가?'라는 두 가지 질문에 대한 답을 찾는 것이다. 그리고 일잘러는 업무 현장에서 허용된 시간과 자원에 한계가 있다는

사실을 이해한다. 여기서 정보력의 기본 공식은 다음과 같다.

정보량의 확보×정보 분석과 가공+자원의 한계의 전제(적정 수준)

일잘러의 정보 수집력

일을 못하는 사람들은 정보를 다룰 때에도 티가 난다.

"팀장님, 이번에는 이 방법이 좋을 것 같습니다."

"왜?"

"느낌이 좋습니다."

이 말을 들은 팀장의 기분은 갑자기 안 좋아진다.

이런 결과를 낳는 첫 번째 원인은 근거의 부적절성이다. 근거가 없다. 자꾸 그 느낌적인 느낌만 말한다. 겨우 근거라고 찾아온 것도 믿음이 안 간다. 지나가다 들었던 이야기나 소위 '카더라'에 의존하는 경우, 또는 단순히 인터넷 검색이나 자신이 보유한 자료에만 의존하는 경우가 대부분이다.

그럼, 일잘러는 어떻게 정보를 모을까?

일잘러는 어디에 어떤 정보가 있는지 잘 알고 있다. 그리고 각각의 정보를 수집할 때 유의할 사항이 어떤 점인지, 어떻게 모아야 유의미한 결과를 낳을 수 있는지 잘 안다. 설문을 할 때와 인터뷰를 할 때, 문헌 조사를 할 때의 상황을 알고 목적에 맞는 방식으로 정보를 수집한다.

더불어 일잘러는 평상시에 정보를 잘 모아두는 시스템이 있다. 원하는 곳에 '딱!' 맞는 정보를 찾으려면 잘 보이지 않는다. 개똥도 약에 쓰려면 없는 것이 우리가 아는 진리다. 필요해서 찾아보려면 예전에 어디선가 봤던 그 정보, 항상 눈에 잘 보이던 그 정보가 좀처럼 보이지 않는다. 하지만 일잘러의 습관은 다르다. 그래서 별도로 시간을 많이 할애하지도 않는데 항상 좋은 정보를 가져온다.

일잘러의 정보 분석력

같은 커피 원두라도 누가 로스팅을 해서, 누가 커피를 내리고, 어떻게 담아내는가에 따라 500원짜리 커피가 되기도 하고 1만 원짜리 커피가 되기도 한다. 일잘러는 정보를 500원짜리로 제공하지 않는다. 일잘러가 손을 대면 분명 같은 정보와 같은 메시지였는데도 메시지의 격이 달라진다. 일잘러는 항상 상사에게 '정보 이상의 정보'를 제공하기 때문이다.

또한 단순히 손으로 몇 번 획을 그었을 뿐인데 내용 정리가 달라진다. 어떤 정보를 수집했는가도 중요하지만 어떻게 가공하는가, 어떤 의미를 뽑아내는가도 역시 중요하다. 이것을 위해서는 일잘러의 사고법과 일잘러의 가공법을 이해할 수 있어야 한다.

일잘러의 '적절성'

정보는 많으면 좋다는 생각에 무조건 많이 모으는 사람들이 있다. 산더미 같은 서류를 들고 왔다 갔다 하면 그게 일을 잘하는 것으로 아는 사람이 있다. 반면, 일잘러는 '적정'한 정보를 '적시'에 공급하는 '적절성'의 능력이 있다. 정보의 적절성을 이해하기 위해서 '적정기술'의 의미를 살펴보자.

일잘러는 적정기술의 원리를 활용하는 사람

"좀 더 시간을 주면 더 잘할 수 있는데…", "예산이 좀 더 있었으면 퀄리티를 더 좋게 할 수 있는데…", "밑에 후배 1~2명만 붙여주면 끝내주게 할 수 있는데…"
대부분의 직장인이 일을 하면서 한두 번쯤은 생각해봤던 흔한 아쉬움이다. 자신만의 예술 세계를 표현하는 예술가나 끝없는 지식의 탐구를 통해 학문을 발전시키는 학자와 우리는 다른 일의 세계에 살고 있다. 우리가 조직으로부터 요구받는 현실은 시간과 자원의 한계에도 불구하고 일을 하는 것이다. 그 안에서 최적의 솔루션을 제시하는 것이 우리의 사명이다.
일잘러들이 일을 할 때 기본적으로 전제하는 것이 있다. 한정된 자원으로 지속적이며, 쉽게 활용하여 일의 결과물을 만들어내는 것이다. 이러한 전제는 적정기술(Appropriate technology)의 원리와 같다. 적정기술은 저개발 국가의 환경과 자원에 맞춰 문제를 해결하는 것을 말한다. 적정기술의 성공 사례라고 할 수 있는 'Liter of Light(1리터의 빛)'는 페트병에 물과 표백제를 넣어 빛의 산란 효과를 이용해 실내를 밝힐 수 있는 기술이다. 이 기술의 성공 요인은 전기 공급이 원활하지 못한 제약 상황을 감안해 현지에서 쉽게 구할 수 있는 재료를 활용하여 사람들이 쉽고 지속적으로 사용할 수 있도록 한 데 있다. 이처럼 우리는 업무를 할 때 적정기술의 원리를 생각할 필요가 있다.

프로 일잘러의 정보 수집력: Know where!

● **김 과장의 고민**
"포털 사이트 빼고 정보를 수집하라니,
팀장은 정보를 도대체 어떻게 모으라는 거야?"

정보를 모아보라고 하면 포털 사이트에 빠져서 헤매는 사람들이 있다. 안타까운 점은 대부분의 직장인이 정보를 모으는 출처가 같다는 것이다. 같은 곳에서 같은 정보를 모아서 상사에게 보고한다면 당신이 보고한 정보의 가치는 낮을 수밖에 없다. 약간 심하게 생각하는 상사라면 거의 쓰레기로 취급할 수도 있다. 일을 잘하는 프로가 되려면 상황에 맞게 적절한 방법을 알고 정보를 수집해야 차별화된 정보를 제공할 수 있다.

정보를 수집할 수 있는 다양한 경로와 그에 맞는 방법을 이해해보자.

현장 조사

언제나 답은 현장에 있다. 현장 정보는 상사의 마음을 움직인다. 상사가 목말라 하는 고객의 목소리, 고객의 정보가 현장에 있기 때문이다.

현장의 정보를 수집하는 방법에는 포커스 그룹 인터뷰(FGI), 설문조사, 관찰 등이 있다.

- **포커스 그룹 인터뷰(FGI):** 소수의 응답자와 집중적인 면담을 통해 정보를 수집하는 방법이다. 현장의 집중적인 목소리를 들을 수 있지만 면담자와 응답자의 상호 작용을 기반으로 하기 때문에 효과적으로 인터뷰하기 위해서는 면담자의 스킬이 요구된다. 요구되는 스킬에는 부드러운 분위기 형성과 질문을 위한 커뮤니케이션 스킬, 경청 스킬, 응답자의 답변에서 보다 구체적인 답변을 유도할 수 있는 업무 전문성이 필요하다. FGI의 결과는 설문조사를 위한 기초 정보로도 활용될 수 있다.

- **설문조사:** 객관적인 질문을 문서화하여 정보를 수집하는 방법이다. 문제나 현상이 발생하고 있는 현장의 정보를 수집할 수 있다는 점에서 장점이 있다. 설문조사 내용은 업무 담당자의 주장을 뒷받침하는 근거이며 지원군이 될 수 있다. 단, 질문은 최대한 객관성을 유지해야 한다. 그리고 질문이 모호하거나 응답자의 성실성이 결여되면 정보의 오차가 커질 수 있다. 응답자의 범위는 질문에 답을 할 수 있는 업무 경험자에 한정해야 한다. 온라인 설문조사 툴을 활용하면 수집

관리나 가공이 편리하다.

- **관찰:** 실제로 발생하는 현상이나 사람들의 행동을 유심히 보는 것이다. 정보 수집의 가장 기본적이면서도 강력한 방법이다(모든 과학적 사고는 시각을 활용한 관찰에 기반을 두고 있다). 사람들은 자신의 모습이나 행동에 대해 잘 알지 못하는 경우가 많다. 이런 경우 관찰한 사실을 토대로 기록한 정보는 객관성과 신뢰성을 높여준다.

문헌 및 자료 조사

문헌 및 자료 조사는 업무에 필요한 내용을 전문서적이나 신문, 연구 보고서, 논문, 웹사이트, 통계 조사 등에서 찾는 방법을 말한다. 정보 수집의 목적은 찾으려는 핵심 내용을 정확하고 올바르게 찾는 것이다. 이를 위해서는 무작정 찾기보다 무엇을 찾고 싶은지를 먼저 명확하게 생각한 후 찾는 것이 시간을 절약할 수 있다.

출처별로 간단한 팁을 소개하면 다음과 같다.

- **포털사이트 검색:** 검색을 통해 자료를 찾는 일이 많아진 지금은 무엇보다 핵심 키워드를 잘 입력해야 한다. 단순히 자신이 찾는 대상을 검색어로 입력할 수도 있다. 하지만 그 대상을 통해 무엇을 얻을 것인지를 생각해서 관련 검색어를 입력하는 방법이 보다 효과적이다.

단, 포털 사이트와 위키피디아의 내용을 100% 신뢰하는 것은 위험하다. 자료의 신뢰도를 높이기 위해서는 교차 확인이 필요하다.

- **논문 검색:** 국회도서관(nanet), 학술연구정보서비스(RISS), 한국연구재단(KCI)의 웹사이트를 이용해서 검색하면 편리하다. 찾고자 하는 연구의 키워드나 연구기관명을 검색하여 논문을 찾은 후 먼저 초록을 확인한다. 그리고 원하는 정보를 찾았을 때 전체 본문을 읽는 것이 시간을 절약할 수 있다. 해외 논문일 경우 구글 학술검색(Google Scholar)을 이용하면 편리하다.

- **도서 목차 검색:** 업무에 관련된 도서의 목차를 검색하는 방법으로 회의의 의제나 교육 과정의 커리큘럼을 구성할 때 활용할 수 있다. 예를 들어, 밀레니얼 세대 소비자의 특징을 조사한다고 하면 밀레니얼 세대와 관련된 도서를 도서관에서 찾은 후 여러 책에서 공통적으로 제시한 목차의 주제를 정리한다. 그리고 그 외에 업무와 관련된 목차가 있다면 함께 뽑아서 정리하는 방법이다.

- **통계 자료 검색:** 사회적인 여러 현상을 수치화하여 나타낸 자료를 활용하는 것으로 통계조사를 활용할 때에는 다음과 같은 점을 고려해야 한다.

- 신뢰성 있는 기관의 데이터를 수집한다(통계청, 신뢰도 있는 연구기관 등).
- 항상 최신 버전의 데이터인지 확인한다.

- 평균과 분산*을 함께 확인한다(평균은 오해의 소지가 많다).

- 하나의 수치만 가지고 판단하지 말고 비교할 수치를 함께 수집한다.

- 숫자가 크다고 중요한 것이 아니라 비율을 확인해야 한다.

- 현상을 이해하려면 그래프의 곡선 형태를 이해해야 한다.

- 다양한 요인들이 작용할 땐 전체의 80% 비율을 차지하는 요인에 주목한다.

- 차이점이 없다면 집단 간, 집단 내에서 차이점을 찾는다.

- 지역적, 문화적 특징보다 소득 수준이 삶의 차이를 구분하는 경우가 더 많다.

전문가 진단/인터뷰

깊이 있는 분석이나 권위를 확보할 때 전문가(SME, Subject Matter Expert)의 진단이나 견해를 듣는 방법이다. 특히 외부 전문가의 진단이나 의견은 내부에서 보지 못하는 새로운 문제점이나 통찰을 줄 수 있다. 또한 자료의 객관성을 높여주는 장점이 있다.

단, 전문가도 자신의 분야가 있다는 점을 생각하여 범위를 넘는 요청이나 의견을 제시하는 것은 주의해야 한다. 또한 전문가 활용이 효과를 발휘하기 위해서는 내부 담당자가 내부 전문가로서 중재자 역할을 해야 한다. 왜냐하면 외부 전문가의 경우 내부의 상황이나 문화와 같은 맥락을 모르기 때문에 좀 더 정확한 진단과 해결책을 제공하기 위해서는 내부 담당자의 역량이 필수적이다.

＊분산 통계에서 주어진 변량이 평균으로부터 떨어져 있는 정도를 나타내는 값

일잘러의 정보력 Tip

- **꼬리에 꼬리를 물어라:** 정보를 찾는 또 다른 방법으로 책이나 논문, 웹
사이트, 블로그를 읽다가 소개되는 자료의 출처를 찾아 꼬리를 묻고
들어가서 찾아내는 방법이 있다. 책이나 논문은 해당 내용의 참고문
헌을 찾아볼 수 있고, 웹사이트나 블로그는 포털사이트에서 함께 검
색된 자료를 볼 수 있다. 단, 시간이 많이 소요될 수 있으므로 비교적
시간적 여유가 있을 때 활용하면 정보의 양이 풍부해질 수 있다.

- **원본도 찾아라:** 책이나 잡지, 논문 등에서 발췌한 정보는 대부분 2차
가공된 정보일 경우가 많다. 따라서 가급적이면 원전이나 원래 자료
를 찾아서 내용을 확인하는 것이 신뢰도를 높일 수 있다. 그리고 되
도록 저명한 인물이나 신뢰도 높은 기관의 자료를 인용하는 것이 바
람직하다. 정보 수집과 분석의 달인이었던 레오나르도 다빈치는 "원
천을 찾아가는 사람은 물 단지를 찾을 필요가 없다"라고 말하며 어떤
연구든지 원본을 찾아볼 것을 권고했다.

- **다양성을 확보하라:** 정보 수집 방법은 객관성과 신뢰도를 높이기 위해
가급적 두 가지 이상을 병행해서 활용하는 것이 바람직하다. 다양한
방법을 활용하는 것이 좋지만 시간과 자원의 제약을 고려하여 가장
적합한 방법을 선정하는 것도 정보를 수집하기 전에 고려해야 할 중
요한 일이다.

프로 일잘러의 정보력은 시스템에 있다: 아날로그 시스템

● 김 과장의 고민
"사실, 저는 업무 수첩을 왜 주는지 이해가 안 돼요."

"저는 회사에서 해마다 주는 업무 수첩을 제대로 사용해본 적이 없는 것 같아요. 수첩을 볼 때마다 '이런 거 주지 말고 돈으로 주지…. 적을 것도 없는데 뭐 이렇게 두꺼운 걸…'이라는 생각만 했어요."

김 과장의 수첩은 몇 번 사용하지도 않은 데다 군데군데 찢겨나간 페이지가 더 많다. 그렇다고 스마트폰을 활용하거나 개인용 다이어리가 있는 것도 아니다. 그야말로 감(感)으로 사는 사람이다.

"사실, 저는 필요한 정보를 어떻게 정리해야 할지 감을 못 잡겠어요. 팀장님께 지시를 받거나 메일을 읽어도 그때그때 머릿속으로만 기억하고 넘겼던 습관 때문인지 도무지 모르겠네요. 회의나 교육을 받을 당시에는 요긴한 정보가 꽤 많았던 것 같은데 며칠 지나면 그런 걸 들었는지조차도 가물가물해요. 정보력의 기본 공식은 배웠지만 지금은 또 어떻게 해야 할지 난감합니다."

일잘러의 정보 시스템: 메모 습관

인류 역사상 세상을 바꾸는 큰 업적을 남겼던 위인들의 공통점이 있다. 다음의 빈칸에 들어갈 말은 뭘까?

- 슈베르트는 때와 장소를 가리지 않고 악상이 떠오르면 쓸 수 있는 모든 곳에 (   )를 했다.
- 링컨은 자신의 큰 모자 속에 종이와 연필을 가지고 다니면서 다른 이들에게 들은 정보나 자신의 아이디어를 (   )했다.
- 에디슨은 3,200권이 넘는 노트에 (   )를 남겼다.
- 뉴턴과 레오나르도 다빈치도 각각 4,000여 장과 5,000여 장의 (   )를 남겼다.
- 조선의 실학자 정약용도 엄청난 (   ) 습관이 있었기에 수원 화성 축조, 거중기와 배다리 발명, 목민심서와 같은 500여 권의 방대한 명저를 남길 수 있었다.

빈칸에 들어갈 단어는 아마 짐작될 것이다. 바로 '메모'다. 정보력이 좋은 사람은 메모의 습관이 몸에 탑재되어 있다.

우리가 얻은 유용한 정보나 순간적으로 떠오른 아이디어는 찰나의 순간에 사라진다. 밥을 먹다 동료에게 들은 정보나 운전을 하다가 라디오에서 들었던 정보를 사무실에 도착해 기록하려고 하면 뭔가 지나간 흔적만남아 있는 경험이 다들 한두 번씩은 있을 것이다. 이럴 때 자신의 기억을돕기 위해 우리는 글이나 이미지로 기록을 남겨야 한다. 순간적으로 지나가는 정보나 아이디어를 메모로 남길 수 있느냐 그렇지 못하느냐에 따라업무의 결과가 바뀔 수 있고, 크게는 세상도 바꿀 수 있다.

'둔필승총(鈍筆勝聰, 둔한 붓이 총명한 머리를 이긴다)'이라는 정약용 선생의명언은 일잘러들이 기억해야 할 메모의 중요성을 되새기게 해준다.

아날로그 메모 시스템을 구축하자

메모를 잘하기 위해서 가장 중요한 것은 아날로그적 메모 습관을 익히는것이다. 즉 메모하기 쉬운 환경을 잘 만들어두어야 한다. 최근에는 각종디지털 기기들이 메모할 수 있는 환경을 제공하고 있다. 중요한 점은 아날로그 메모를 잘하는 사람들이 대부분 디지털 메모도 잘한다는 점이다.우리가 쉽게 활용할 수 있는 아날로그 메모 시스템을 생각해보자.

- **상사가 부르면 항상 업무 노트를 가지고 간다.** 상사와의 대화, 업무 미팅,
  회의에 참여한다면 항상 업무 노트를 챙기자. 꼼꼼히 적는 모습을 보
  여주는 것만으로도 신뢰를 줄 수 있다.

- **포스트잇을 애용하자.** 포스트잇은 일잘러들이 애용하는 도구로 메모와 부착을 쉽게 할 수 있다. 포스트잇을 업무 공간마다 잘 배치해보자. 예를 들어 업무 다이어리 뒤쪽에는 포스트잇을 붙여두자. 책상 모서리에도 포스트잇을 준비해두자.

코넬식 노트 정리법

코넬식 노트 정리법은 코넬대학의 월터 포크(Walter Pauk) 교수가 학생들의 학습 효과를 높이기 위해 고안한 방법이다. 주로 학생들의 노트 필기에 활용되지만 정보를 정리하는 방법으로 활용해도 매우 좋은 방법이다. 정리 방법은 다음 그림과 같이 수첩이나 노트에 줄을 그어 4개의 영역으로 나누고, 그에 해당하는 부분을 기록하면 된다.

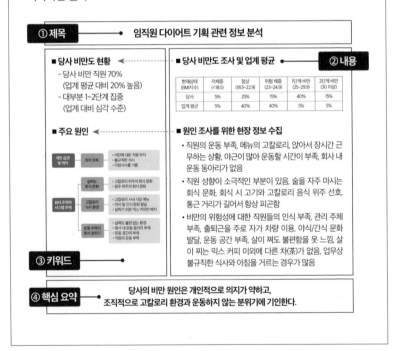

- **작은 노트, 펜을 항상 가지고 다니자.** 작은 메모장, 펜을 언제든 손에 닿을 수 있는 곳에 두자. 물론 스마트폰 등을 활용한 메모도 가능하지만, 종이에 펜으로 쓰는 것을 따라가기에는 아직 2% 모자라다.

- **정리를 잘하는 기법을 연습해보자.** 정리 연습을 하는 것은 디지털 메모에도 동일하게 큰 효과를 줄 수 있다. 대표적 방법이 코넬식 노트 정리법과 비주얼 싱킹 기법이다.

비주얼 싱킹(Visual Thinking)

비주얼 싱킹은 글과 그림을 함께 활용해 정보, 아이디어 등을 빠르고 간단하게 정리하는 방법이다. 그림을 잘 그린다면 좋겠지만 메모를 누구에게 보여주기보다 자신의 업무나 학습에 활용하기 위해 하는 경우가 대부분이기 때문에 간단한 선과 도형만으로도 표현할 수 있다. 정보가 시각화되고 화살표를 따라 흐름을 보여줄 수 있어 정보에 대한 이해를 돕는 장점이 있다.

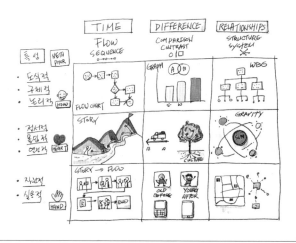

프로 일잘러의 정보력은 시스템에 있다: 디지로그 시스템

이제는 메모를 단순히 아날로그 방식으로만 하지 않는다. 노트북이나 태블릿PC, 스마트폰 같은 디지털 기기를 활용하여 정보를 정리할 수 있는 상황에서는 디지털 방식을 활용하는 것이 효과적이다.

또한 오래도록 저장해야 하고 자주 활용해야 하는 정보도 디지털화하여 정리해놓으면 활용도를 높일 수 있다. 예를 들어, 이미 디지털화되어 있는 정보를 정리할 때는 노트북이나 태블릿PC로 정리하는 것이 편리하다. 원노트나 에버노트 같은 프로그램을 활용하여 스크랩하거나 디지털 메모 앱으로 저장하면 된다.

디지털 메모의 방식은 어떤 앱 또는 어떤 기기를 어떻게 활용하는가에 따라 무한한 방식이 만들어질 수 있다. 디지로그 메모의 몇 가지 사례를 통해 현장 업무 방식을 이해하고 자신만의 방식을 개발해보자.

디지로그 메모법 활용 사례

유능한 목수는 적재적소에 맞은 연장을 사용할 줄 안다. 이와 같이 프로 일잘러는 정보를 정리해야 하는 상황에 따라 디지털과 아날로그를 자유자재로 사용한다. 업무 상황에 맞게 디지로그 메모법을 활용하는 일잘러들의 사례를 살펴보자.

전화 메모에 강한 김 차장은 앱으로 메모를 저장해둔다
[○○상사 김 차장]

○○상사에 근무하는 김 차장은 업무 특성상 전화나 미팅을 통해 바이어들을 많이 만난다. 디지털 이민자 세대인 탓에 밀레니얼 세대 후배들처럼 디지털 기기를 자유자재로 활용하지는 못하지만 업무 수첩 정리를 깔끔하게 잘하고, 외부 교육을 통해 익힌 에버노트를 주된 프로그램으로 활용한다. 미팅을 마치면 김 차장은 수첩에 정리된 정보를 스캔하여 에버노트에 저장한다. 이동할 때 메모할 일이 생기면 '카카오톡'의 '나와의 채팅' 기능을 이용하거나 '구글Keep'을 활용한다. 거래처와 통화하게 될 일이 있으면, 자신의 앱을 통해 내용을 확인한 후 이렇게 말한다.

"○○월 ○○일 ○○시에 통화한 이슈 중 2건은 잘 되고 있는데, 현재 1건이 잘 안 되고 있습니다."

며칠 몇 시에 통화했는지까지 아는 사람의 말에 누가 반박할 수 있겠는가?

찍고, 그리고, 뽑고, 공유한다
[○○○디자인 최 디자이너]

○○○디자인에서 공간 디자이너로 일하는 최 디자이너는 노트에 먼저 디자인을 구상한 뒤 초안이 완성되면 디자인 프로그램을 활용하여 설계도나 도안을 완성한다.

현장에 실측 작업을 가거나 인테리어 시공에 대한 수정 사항이 있으면 스마트폰이나 태블릿PC로 현장 사진을 찍고 스마트 펜을 사용해 수치나 수정 사항을 메모한 후 동료나 파트너들과 공유한다. 스마트 펜을 활용할 수 있는 스마트폰은 최 디자이너의 최애(最愛) 업무 장비이다. 그래서 일잘러 중에는 메모 아이템광들이 많다.

도구의 특성에 맞게 나만의 환경을 만든다
[○○전자 박 프로]

○○전자 박 프로는 '메모의 신'이라는 별명을 가지고 있다. 벌써 사내 방송에서는 그의 메모 노하우가 몇 차례 소개되었고, 사내 강의도 개설해서 강사로 활동하고 있다. 그의 메모 방법은 아날로그든 디지털이든 가리지 않는다. 상황에 맞는 자신만의 메모 방법을 가지고 적재적소에 활용한다. 박 프로는 책에서 중요한 내용을 보면 밑줄을 긋고 노트에 메모한다. 교육에 참석할 때나 새로운 아이디어가 떠오를 때에는 항상 가지고 다니는 몰스킨 다이어리에 정리한다.

웹사이트에서 중요한 정보나 디지털 문서를 발견하면 에버노트에 저장한다. 평소에 책을 읽으면 서평을 정리하는 습관이 있는데, 먼저 노트에 초고를 쓰고 원노트에 정리한다.

에버노트와 원노트 두 가지 프로그램을 활용하는 이유는 특정 프로그램의 장점에 맞게 활용하고 서비스 제약과 같은 리스크를 방지하기 위해서다. 이동 중에는 스마트폰의 노트 기능을 활용하거나 작은 포스트잇과 펜을 이용한다. 강의 자료를 작성할 때는 마인드맵으로 아젠더를 구조화한 후 PPT로 작성한다.

요즘은 자신의 메모 노하우를 담은 책을 쓰기 위해 노트에 초고를 쓰고, 노트북에 타이핑을 하며 글을 다듬고 있다.

박 프로의 디지로그 메모 습관을 정리하면 다음과 같다.

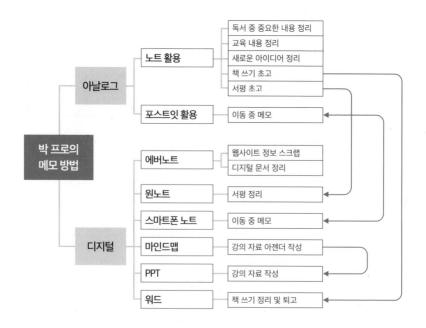

박 프로는 메모가 스트레스가 되면 안 된다고 말한다. 또한 모든 정보를 디지털화해서 저장하는 것은 시간 낭비가 될 가능성이 크다고 한다. 좋은 정보를 저장하는 습관만큼 자주 메모를 확인하고 쓸모없는 정보는 삭제하고 재정리하는 습관이 정보의 활용도를 높이는 가장 좋은 방법이라고 조언한다.

분석력을 높이는
프로 일잘러의 기술

정보 그 자체가 문제를 해결해주는 것은 아니다. 메모를 통해 모인 정보는 한눈에 볼 수 있도록 정리하는 것이 중요하다. 그래야 그중에서 유용한 자료는 취하고 쓸모없는 자료는 버릴 수 있다. 다산 정약용 선생은 정보를 잘 정리하면 정보가 스스로 그 의미를 말해준다고 말했다.

정보를 분석하는 기법은 다양하고 이미 여러 책에서 다루고 있다. 따라서 여기서는 익히기에 어렵지 않고, 활용도와 가성비가 좋은 두 가지 기법을 소개하려고 한다. 바로 Flow(플로) 기법과 5W2H 기법이다.

프로 일잘러는 FLOW 기법으로 듣고 정리한다

프로 일잘러의 공통점은 정보를 정리할 때 한눈에 보이게 한다는 것이다. 좀 더 구체적으로 말하면, 정보를 듣고 핵심을 뽑아내 시각화하여 이를 통해 흐름이 보이게 한다. 그런 후 논리적 취약점을 파악하고 보다 자세한 질문을 하면서 정보를 구조화시킨다.

프로 일잘러는 정보를 단순화, 시각화, 구조화한다.

다음의 메시지를 좀 더 이해하기 쉽게 정리한다면 어떻게 할 수 있을까?

우리 회사는 유명 기업 A사에 50%, 동업인 B사에 30%를 출자하고 있습니다. A사의 남은 50%는 우리 회사와 업무 제휴하고 있는 C사가 출자하고 있습니다. 게다가 C사의 완전한 모회사인 D사는 우리 회사의 최대 주주이기도 합니다.

글로 적어놓은 메시지를 보면 복잡해 보이지만 다음과 같이 시각화해서 정리하면 보다 이해하기 쉬워진다. 또한 ①, ②, ③번과 같은 추가적인 질문이 떠오르게 된다.

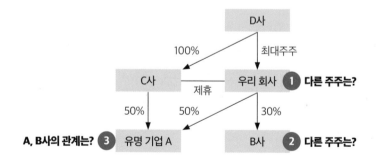

다음 설명을 읽고 정보를 시각화하여 정리해보고, 이를 통해 질문을 준비해보는 실습을 해보자.

○○제조업체의 라인 관리자에게 생산 라인에 대한 설명을 들었습니다.

이 사업장에서는 원자재에서 완제품이 되기까지 약 4일의 시간이 소요됩니다. 사업장에서 한 달에 출하하는 양은 약 30만 개로 우리 그룹에서 세 번째로 큰 사업장입니다. 제조 공정은 크게 다섯 가지로 이루어집니다. 첫 번째로 입고된 부품을 확인하고 그다음으로 조립할 준비를 합니다. 세 번째가 조립 공정이고, 네 번째에서는 완제품을 검사합니다. 여기서 검사에 합격한 제품은 바로 출하 준비를 합니다. 물론 불량품은 조립 공정으로 다시 보내집니다. 사업장에서는 부품 확인과 조립 준비를 사전 공정이라고 하고, 완제품 검사와 출하 준비를 후속 공정이라고 합니다. 참고로 이 사업장의 조립 공정에서 일하는 근무자는 현재 40%가 외국인으로 구성되어 있습니다. 처음에는 어려움이 많았지만 개선을 거듭한 끝에 조업 생산성이 50%에 이르렀습니다. 초창기를 생각하면 믿을 수 없는 수율입니다. 다만 최근 갑자기 대형 오더가 들어와서 부품을 제때 수급하지 못하는 문제도 종종 발생하고 있습니다. 좀 더 빨리 수요를 알 수 있다면 이런 문제를 해소할 수 있을 텐데요.

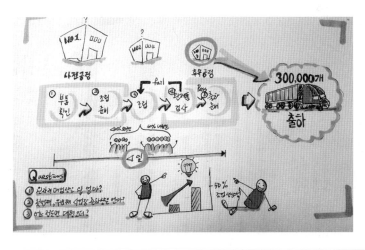

누구나 쉽게 할 수 있는 5W2H 정리 기법

독자들 중에는 정보의 시각화 부분을 읽다가 '난 그림을 못 그리는데…'라는 생각이 드는 사람들도 있을 것이다. 시각화는 그림을 잘 그리는지 못 그리는지를 따지려는 것이 아니다. 그럼에도 불구하고 적용하기 어렵다면 5W2H 메모 기법을 활용해보자. 5W2H는 우리가 잘 알고 있는 6하 원칙(Why, What, Where, Who, When, How)에 얼마나(How much)를 더한 것이다.

첫 번째 생각해야 할 것은 Why이다. 논리적 사고를 기반으로 목표 지향적인 업무를 하려면 Why가 무엇보다 우선되어야 한다. Why는 일의 배경과 이해관계자의 니즈 그리고 목표와 담당자의 존재 이유를 말해준다. Why를 정리하는 방법은 " ~이다. 왜냐하면~"으로 정리한다.

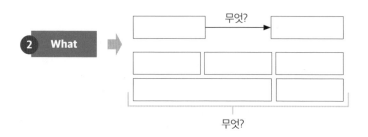

두 번째는 What이다. What은 수집된 정보나 처리해야 할 대상을 말한다. 즉 업무에서 변화시켜야 할 내용이 이에 해당된다.

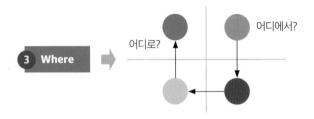

세 번째는 Where이다. Where은 '어디에서?' 혹은 '어디로?' 정보나 대상이 이동하는 부분을 포착하여 정리한다.

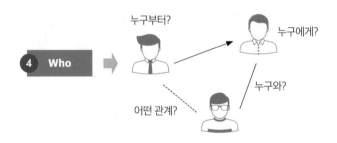

네 번째는 Who이다. Who는 '누구에게?', '누구부터?', '누구와?' 어떤 관련이 있는지를 말한다. 업무에 관련된 이해관계자나 대상자를 위주로 정리한다.

	언제부터?			언제까지?
A				
B				
C				
D				

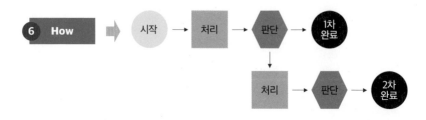

다섯 번째는 When으로 '언제부터 시작하는지?' 또는 '언제까지 마쳐야 하는지?' 등의 일정을 정리한다. 주로 'What'과 함께 '무엇을 언제까지?' 혹은 '언제부터?'로 정리하면 보다 알아보기 쉽다.

여섯 번째는 How이다. How는 주로 일을 처리하는 방법, 판단, 흐름을 정리할 때 사용한다. How는 글로 쓰는 것보다 Flow 차트의 도형을 활용해서 정리하면 알아보기 쉽다. 예를 들어 처리가 필요한 부분은 사각형, 판단이 필요한 부분은 육각형, 시작이나 진행은 원으로 그리고 흐름은 화살표로 나타낸다.

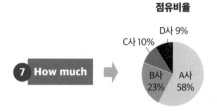

점유비율

국가별 원가비교

원가비교	한국	미국	일본	중국
A	1,000	1,200	1,100	900
B	900	1,200	1,000	900
C	500	700	700	400
D	800	800	800	800

마지막으로 일곱 번째는 How much인데, 원가나 생산량 그리고 점유 비율과 같이 숫자로 파악된 정보를 정리하는 데 유용하다. 이때는 주로 그래프나 표를 사용해서 정리하는 것이 한눈에 알아보기 쉽다.

이처럼 5W2H 메모 기법을 활용하면 그림 그리기에 소질이 없는 사람이라도 정보를 시각화하여 구조화할 수 있다. 또한, 이렇게 정리된 정보 자체가 훌륭한 보고서의 초안이 될 수 있다.

5W2H 기법을 학습했으니 정보를 시각화해서 가공하는 연습을 해보자. 다음의 내용을 상사에게 보고하기 위해 가공하려고 한다. 어떻게 준비할 수 있을까?

A 제품의 상반기 매출 계획은 2조 원이었으나, 실적은 1조 7,000억 원에 그침

상반기 매출 부진 사유는 크게 세 가지로 경쟁사의 적극적 마케팅, 당사 제품의 결함, 고객 성향의 변화로 분석됨

현재 Market share는 당사가 2위로 1위 48%, 당사 35%, 기타 17%로 분석됨
하반기는 매출 부진을 만회하기 위해 7~8월 내 기본 계획 수립, 10월까지 Pilot 제품 출시 및 시장 반응 타진

11월 15일 실제 제품 출시를 통해 4분기 매출 확대를 도모하고자 함

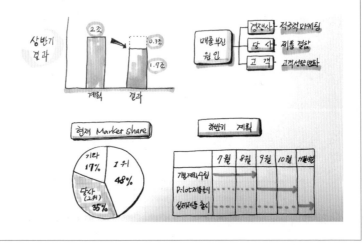

일잘러는 정보를 날것으로 보여주지 않는다. 상사가 쉽게 이해할 수 있도록 가공하고 정리해서 준다. 가치의 차이는 어떻게 정리해서 어떤 메시지를 주는가에 달려 있다.

단순화, 구조화, 시각화 정리의 달인들

영화감독 봉준호

제92회 아카데미 시상식에서 4관왕을 차지하며 한국 영화 역사를 새롭게 쓴 영화 <기생충>의 봉준호 감독은 시각화를 통해 자신의 생각을 구조화하고 소통하는 대표적인 인물이다. 이를 증명하듯 그의 닉네임은 '봉테일'이다. 그의 스토리보드를 보면 마치 한 편의 만화책을 보고 있는 듯한 착각이 들 정도로 치밀함이 엿보인다. <기생충> 스토리보드북을 보면 그의 수준급 그림 실력에 한 번 놀라고, 장면 묘사와 배우의 동선, 대사 그리고 카메라와 조명의 움직임까지 아주 세밀하게 표현한 그의 정리에 또 한 번 놀라게 된다. 봉준호 감독은 자신이 수집한 정보와 아이디어를 바탕으로 구성한 장면을 정리하고, 직접 만든 스토리보드로 함께 일하는 스태프들과 소통의 도구로 활용한다. 그야말로 '백문이 불여일견'을 실현하는 이 시대 최고의 시각화 달인이다.

크리에이티브 디렉터 정구호

'빈폴'과 '필라' 등의 패션과 롯데백화점 본점 공간 리뉴얼, 오페라 연출까지 다양한 분야에서 영향력을 미치고 있는 크리에이티브 디렉터 정구호는 자신을 스스럼없이 '미니멀리스트'라고 한다. 그는 한 인터뷰에서 미니멀리스트를 '모든 것을 늘어놓고 그것을 다시 정리할 수 있는 자'라고 정의했다. 그의 특징 중 하나는 작품을 구상하거나 컨설팅을 의뢰받았을 때 3~5초 내에 머릿속으로 그림을 그려낸다고 한다. <김지수의 인터스텔라>를 연재하는 김지수 문화전문기자는 "정구호 디렉터의 맥시멀한 행보를 가능케 하는 힘은 미니멀하게 정리해내는 정리의 기술에서 나온다"고 말한다. 정구호 디렉터는 장르마다 가지고 있는 디테일 속에서 큰 덩어리의 특징을 찾아내고 순간적으로 시각화하여 그 관계를 정리하는 능력을 가지고 있다. 이런 시각화와 단순화의 정리를 통해서 만든 그의 작품은 위에서 언급한 것 외에도 밀라노 디자인 워크에 선보인 '2019 한국 공예 법고창신', 한국 무용 작품 '묵향', '향연', 오페라 '동백꽃 아가씨' 등이 있다.

〈워싱턴포스트〉 그래픽 기자 신유진

〈워싱턴포스트〉는 신종 코로나바이러스 감염증이 세계적으로 감염자 기록을 갈아 치워가던 2020년 3월 26일 한국의 신천지 교인들이 퍼뜨리는 집단 감염 상황을 그래픽 스토리로 구성해 게재했다. 코로나19 확산 경로와 확진자들의 관계를 표현하기 위해 '네트워크 시각화'를 사용했다. 신유진 기자는 이 기사의 작성에 중요한 역할을 했던 그래픽 기자이다. 그는 자신의 주요 업무를 ① 데이터 수집 및 분석, 취재로 스토리 주제 발굴, ② 이를 효과적으로 보여주기 위한 데이터 시각화, ③ 보다 간결하면서도 흥미를 느낄 수 있게 해주는 스토리텔링 방식 접목으로 설명했다. 우리가 한눈에 이해할 수 있는 그래픽 기사는 이런 절차를 통해 완성된다. 신유진 기자는 정보를 전달하는 데 있어 화려하고 아름다운 그래픽과 스토리텔링보다 더 중요한 것은 전달하고자 하는 정보를 제대로 독자들에게 이해시키는 것이라고 한다. 세계적인 저널의 그래픽 기자는 우리가 우리의 이해관계자들에게 어떻게 정보를 전달해야 하는지에 대한 방향을 제시해준다.

에필로그

직장에 처음 입사해 일을 시작하는 초년 시절에는 비교적 간단하고 규모가 작은 업무를 맡는다. 이때는 선배의 지도에 따라 조금만 열심히 해도 업무를 처리하는 데 큰 문제가 없다. 그러다 대리, 과장 혹은 선임, 책임으로 승진하게 되면서 점점 큰일을 맡게 되고 해결해야 할 문제도 복잡해진다. 이 시기가 되면 일을 잘하는 사람과 못하는 사람의 차이가 확연히 나타난다. 똑같은 과정을 통해 동일한 시기에 들어온 동기라도 실력 차이가 나게 된다.

부서장들을 대상으로 "일을 잘하는 부서원에게서 나타나는 핵심적인 역량은 무엇인가?"라는 설문을 한 적이 있다. 부서장들이 가장 많이 꼽은 역량은 '치밀하고 주도적인 일 처리'였다.

그럼 실제 조직에서 일을 하고 있는 구성원들은 어떻게 생각하고 있을까? 엔지니어, 경영지원, 인사, 마케팅, 영업, 연구원 같은 지식근로자들이 업무에서 가장 필요로 하는 공통 역량은 무엇인지 알아보기 위해 직원들을 대상으로 여러 차례 역량 도출 워크숍을 진행했다. 결과적으로 이들에게 가장 많이 선택된 다섯 가지 역량은 계획 수립, 치밀하고 주도적인 일 처리,

분석적 사고를 통한 문제해결, 업무 완결성, 정보 수집 및 분석이었다.

실제로 업무 현장에서 지식 근로자가 일을 하는 데 있어 이 다섯 가지 공통 역량은 직무 전문성 못지않게 중요하다. 직무 전문 역량이 콘텐츠 전문성이라고 하면 직무 공통 역량은 프로세스 전문성이라고 할 수 있기 때문이다. 특히 코로나19에 의해 급속하게 확산된 '언택트' 업무 환경에서는 구성원 한 명 한 명이 얼마나 시행착오 없이 스마트하게 일하느냐에 따라 대면 업무에서보다 결과물의 품질과 생산성은 물론 조직 분위기에 미치는 파급력 또한 배가 된다.

그럼에도 불구하고 이런 역량을 높여줄 수 있는 교육적 방법은 부족한 게 현실이었다. 보통 직무 공통 역량과 같은 일머리를 키우는 방법은 시행착오를 경험하며 터득하거나 선배를 보고 배우는 것이 대부분이었다. 운이 좋은 사람은 상사에게 구체적인 코칭을 받는 경우도 있었지만, 그러한 사례는 드물었다. 이렇게 일정한 형태가 없이 체득되는 학습도 좋은 방법이긴 하지만 체계적이지 못하고 시간이 오래 걸린다는 한계 또한 간과할 수 없는 점이다.

그 동안 공통 역량을 향상시킬 수 있는 교육 프로그램이 전혀 없었던 것은 아니다. 하지만 그 범위가 지식근로자의 업무 전반을 다루기보다 한 가지 위주의 역량을 높이는 교육 프로그램이 대다수였다(예를 들면, OA 과정, 문제 해결 과정 등). 이런 이유로 인해 지식근로자의 업무력을 높여줄 수 있는 교육적 방법에 대한 고민은 기업이나 공공기관의 인재 양성 담당자의 공통된 고민이었다.

고민을 거듭하던 중 일을 잘하는 사람은 모든 일을 프로젝트처럼 한다는 것을 발견하게 되었다. 또 위에서 말한 다섯 가지 핵심 역량은 프로젝트를 관리(PM)하는 기법에 포함되어 있다는 것을 착안하게 되었다. 그러나 프로젝트 관리 기법을 일반 업무에 적용하기에는 활용 부분에 비해 내용이 너무 많고 이해하기 어렵다는 단점이 있어 업무에서 활용 빈도가 높은 기법만 뽑아 이해하기 쉽게 구성할 필요가 있었다. 이 책은 이런 배경에서 탄생하게 되었다. 책에서 소개된 업무 공식 S.T.A.R와 시간 관리 그리고 정보력의 노하우는 근로 시간 단축과 워라밸, 비대면 업무의 확산으로 인해 똑똑하게 일해야만 하는 지식근로자들의 필수 역량인 스마트 워크를 실현하게 해줄 나침반이 되어줄 것이다. 더불어 기업과 공공기관의 인재 양성 담당자의 고민을 해결해줄 진정성 있는 안내자가 될 것이다. 모든 직장인은 조직에서 자신의 존재 이유를 증명해야 한다. 이제 이 책을 통해 자신이 무엇으로 차별화될 수 있는지 보여주자.

구슬이 서 말이라도 꿰어야 보배라고 하지 않았던가! 이 책의 학습이 끝났으면 자신의 업무에 바로 적용해보자. 일과 학습의 접목인 일터 학습을 실천하는 것이다. 학창 시절 수학을 배울 때 공식이 익숙해질 때까지 수학 참고서를 옆에 끼고 다닌 것처럼 업무를 할 때도 이 책을 옆에 두고 공식이 익숙해질 때까지 참고서로 활용하기를 권한다. 그럼 어느새 일을 지배하며 어떤 업무 환경에서나 별처럼 빛나는 프로 일잘러가 되어 있을 것이다. 독자들의 건승을 빈다.

끝으로 이 책이 나오기까지 도움을 주신 분들께 지면을 빌어 감사를 표한다. 먼저, 프로 일잘러가 되기 위한 긴 별자리(S.T.A.R) 여정을 끝까지 함께 해주신 독자들께 감사드린다. 부족한 저를 이끌어주시고 성장시켜주신 은사님이자 멘토이신 이희수 교수님, 조대연 교수님, 전영민 원장님, 고태환 센터장님과 풍부한 실무 경험을 쌓게 해주신 코닝의 강중근 전무님, 김덕중 그룹장님, 이재형 그룹장님, 인사팀원 분들, 인재개발그룹식구들(서명하, 장만규, 전현진, 김지현, 김은희 프로님), 제가 잘할 수 있는 일을 찾게 해주신 김정용 그룹장님, 힘들고 어려운 시절 고민과 위로를 함께 나누던 BOD 멤버들(김석주, 이건민, 최상현, 김병철 프로님), 나경호 실장님, 최윤성 프로님, 오세양 프로님께 감사의 인사를 드린다.

또한 끝까지 집필을 함께 해주신 김용무 소장님께 감사드린다. 항상 믿음으로 지원해주시고 사랑해주시는 부모님과 장인, 장모님, 책을 쓰는 내내 옆에서 응원해준 아내와 두 딸 지민이, 유민이에게도 사랑을 담아 감사를 표한다. 그리고 이 모든 걸 가능케 하신 하나님께 감사와 영광을 올린다.

공저자 손 병 기

언택트 시대,
프로 일잘러의 업무 공식

1. 일잘러의 키워드: 생존 부등식

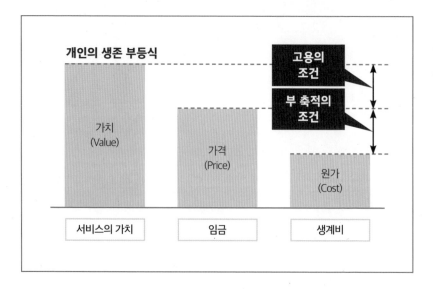

MEMO

1. 일잘러의 키워드: 업무를 통해 성장하는 법

◆ I company 의 생존 전략 ◆

스스로의 **브랜드를 만들자!**	일을 **프로젝트로** 바꾸자!
그냥 '일'로 하면	'프로젝트'로 하면
해치워야 하는 것	멋지게 할 것
시간 때우기로 일관	열정을 담을 수 있다
무기력하게 한다	생생하게 한다
재미없다	기대된다
하루 늙었다	무언가 배웠다

MEMO

_____

_____

_____

_____

_____

_____

1. 일잘러의 키워드: 프로젝트

◆ Project management process ◆

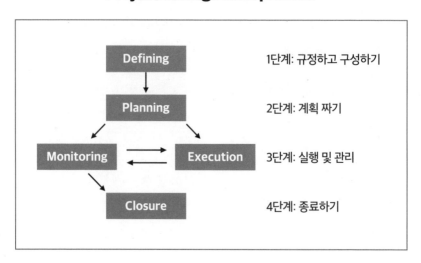

Defining	1단계: 규정하고 구성하기
Planning	2단계: 계획 짜기
Monitoring ⇄ Execution	3단계: 실행 및 관리
Closure	4단계: 종료하기

MEMO

프로젝트란?

특정한 결과물(제품, 서비스, 소산물)을 창조하기 위해 실시하는

유기적(기한이 명확한)인 업무

1. 일잘러의 키워드: S.T.A.R

Sense of Direction

1. 프로젝트명:

2. 기간:

3. 예산 및 제약 조건

추진 배경

스테이크 홀더 분석

Holder	요구사항	관리 방법

목적/목표

Task Management

L 0	

L 1	1.	2.	3.	4.
L 2	1.1	2.1	3.1	4.1
L 3	1.2	2.1	3.2	4.2
	1.3	2.3	3.3	4.3.
	1.4	2.4	3.4	4.4

Adjust Priority

예산

항목 I	항목 II	소요자원 산출		R&R			진행 일정																	
		Day	비용				1w	2w	3w	4w	5w	6w	7w	8w	9w	10w	11w	12w	13w	14w	15w	16w	17w	18w

MEMO

2. S 공식: 스테이크 홀더 이해

◆ 스테이크 홀더(이해관계자)란? ◆

프로젝트 결과물에 이권(관련)을 지니는 사람들로,
프로젝트의 성패를 가늠하는 사람

프로젝트
오너

프로젝트
매니저

프로젝트
팀원

기타
관련자

하버드 경영대학원, 프로젝트 매니지먼트(Project management 32P)

MEMO

2. S 공식: 목적의 이해

▶ 목적의 의미

- What we need to achieve.
- Why we need to achieve it.

▶ 목적 파악의 중요성

- **과제의 파악:** What we need to achieve를 통해 과제를 파악하게 된다.
- **본질의 파악:** Why we need to achieve it을 통해 과제의 본질을 파악하게 된다.
- **본질의 파악과 전략:** 과제의 본질을 알아야 최적안을 알 수 있다.

MEMO

2. S 공식: 업무를 규정하는 삼각 프레임

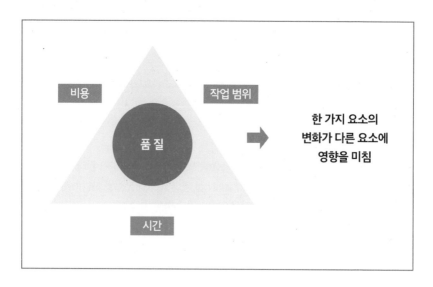

MEMO

3. T 공식: WBS

◆ WBS(Work Breakdown Structure)란? ◆

▶ 의미

- **거대한 작업을 처리하기 쉬운 작업들로 쪼개는 기술**
  : 커다란 프로젝트의 업무 범위를 정의하여,
    주요 활동 단위로 분할

▶ 기능

- 계층적인 구조로 작성한다.
- 프로젝트 시작에서부터 완료 시까지 수행해야 하는
  모든 업무가 표현되어야 한다.
- 역할 분장, 일정 수립, Risk 관리 등의 기준이 된다.

- ✔ 목표 달성을 위해 반드시 해야 할 것을 알 수 있다.
- ✔ 기간이 얼마나 걸릴지에 답할 수 있다.
- ✔ 비용이 얼마나 들 것인지에 답할 수 있다.
- ✔ 연계가 약한 지점(통제/관리가 필요한)을 발견할 수 있다.

MEMO

_____

_____

_____

_____

_____

3. T 공식: WBS 작성 양식

Level 0			

Level 1	1.	2.	3.	4.

Level 2	1.1.	2.1	3.1	4.1

Level 3

1.1.1	2.1.1	3.1.1	4.1.1.
1.1.2	2.1.2	3.1.2	4.1.2
1.1.3	2.1.3	3.1.3	4.1.3
1.1.4	2.1.4	3.1.4	4.1.4

1.2	2.2.	3.2	4.2
1.2.1	2.2.1	3.2.1	4.2.1
1.2.2	2.2.2	3.2.2	4.2.2
1.2.3	2.2.3	3.2.3	4.2.3
1.2.4	2.2.4	3.2.4	4.2.4

1.3	2.3	3.3.	4.3
1.3.1.	2.3.1	3.3.1	4.3.1
1.3.2	2.3.2	3.3.2	4.3.2
1.3.3	2.3.3	3.3.3	4.3.3
1.3.4	2.3.4	3.3.4	4.3.4

1.4	2.4	3.4	4.4
1.4.1	2.4.1	3.4.1	4.4.1
1.4.2	2.4.2	3.4.2	4.4.2
1.4.3	2.4.3	3.4.3	4.4.3
1.4.4	2.4.4	3.4.4	4.4.4

MEMO

3. T 공식: 시간과 자원 산출

▶ 자원에 대한 계획을 세우는 법

유사 산정법	이전의 유사한 활동을 활용하여 산정하는 법
모수 산정법	단위 자원의 생산성을 기반으로 산정하는 법 Ex) 단위 자원의 생산성: 2단위 / Day 　　50단위 작업 수행 기간: 25일이 필요
3점 산정법	가장 긍정적 시간(O), 가장 확률이 높은 시간(M) 가장 부정적 시간(P) T=P+4M+O/6

MEMO

4. A 공식: 일정 계획 수립과 관리

▶ 일정 계획 수립 방법

- WBS를 기반으로 필요한 모든 작업 내용을 확정

- 각 활동의 필요 기간 산정

- 각 활동들 간의 관계를 검토
  - 선행과 후행의 관계
  - 병행 가능 여부

    (맥주를 마시는 절차: 병 따기, 컵에 따르기, 마시기)

- 각 활동들에 대한 시작 일정과 완료 일정을 확정

MEMO

※ 일정 수립 시 주의 사항

1) 여유 기간을 설정하라: 예상치 못한 상황에 대한 대비책을 마련

2) 업무의 관계를 명확하게 인지하라: 업무 지연 시의 상황을 해소하거나

   기간을 단축하기 위해 업무 간의 관계 인지 필요

3) 과거의 사례를 기반으로 추정하는 방법(유사추정) 등으로 기간 설정의

   정확성을 높일 수 있다.

4. A 공식: 일정 최적화

▶ 일정 최적화의 방법

- **병목 구간을 확인하자**
  - 업무의 지연을 초래하는 구간 / 초래할 가능성이 있는 구간을 확인하고
    이에 대한 대책을 세우자.

- **오류나 간과 요소를 확인하자**
  - 일정에 대한 계산이 현실적인지, 업무의 관계가 정확하게 설정되어 있는지
    확인해야 하며 중요한 요소는 빠진 것이 없는지 검토하자.

- **쏠림 현상(작업량의 불균형, 막판에 쏠리는 업무)을 방지하자**
  - 사전에 중간 목표를 설정하여 작업이 불균형하게 할당되는 것을 막고
    특정 인원에게 업무가 몰리는 현상을 지속 확인하자.

- **일정 단축을 위한 방법**
  - 크리티컬 패스(Critical Path)를 주의 깊게 살펴본다.
  - 병목 구간을 관리한다.
  - 단축 기법인 크래싱(Crashing: 해당 과제에 자원을 추가하여 소요기간 단축),
    패스트 트래킹(Fast Tracking: 순서대로 할 과제를 병행해서 기간을 단축)을 활용

MEMO

5. R 공식 : Risk 관리

Risk: 현 시점에 영향을 주지 않는다는 점에서 문제와 다름
하지만 Risk가 현실이 되면 프로젝트에 영향을 미침

회피	Risk를 피하거나, 발생 원인을 없애거나, 영향을 피하기 위해 프로젝트의 계획을 변경하여 대응하는 것
전가	Risk에 따른 마이너스 영향을 제3의 대상에게 이전시키는 대응
경감	Risk의 발생 확률 및 영향도를 수용 가능한 범위까지 경감시키는 방법
수용	Risk 경감이나 회피 등을 하지 않고 수용 (제거가 곤란하거나, 대응책이 없는 경우)

MEMO

5. R 공식: 상사 커뮤니케이션

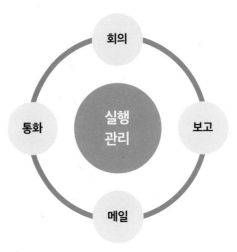

MEMO

_____

_____

_____

_____

_____

_____

5. R 공식: 상사 커뮤니케이션

자판기형   상사가 물어봐야만 마지못해 보고함

Tip 상사는 묻기 전에 보고하는 유형을 좋아한다. 상사는 바쁘다.

함흥차사형   장기간 추진 프로젝트에 대해 중간 사항을 보고 안 함

Tip 장기간 업무는 중간 보고로 상사와 소통하자. 상사는 모든 것을 통제하고 싶다.

마이웨이형   선 조치를 핑계로 긴급 상황에 대한 보고가 늦는 경우

Tip 상사를 바보로 만들지 마라. 선 조치 후 즉시 보고!

문제 숙성형   문제가 곪아터질 때까지 문제를 끌어안고 있는 경우

Tip 상사와 조직의 능력을 믿어라. 문제는 숙성되면 크게 터진다.

MEMO

5. R 공식: 상사 커뮤니케이션

▶ 보고 유형별 Timing

장기 업무	1. ( ) 이상 걸리는 일은 진행 사항을 보고해야 한다. 2. 상대에게 ( )을 줄 수 있다.
문제 업무	1. ( ) 보고는 신속하게 해야 한다. 2. ( ) 때에는 장소와 수단을 가리지 않는다. 3. 문제 보고는 ( )로 보고하는 것이 좋다
변경 사항	1. 변경 후에 하는 보고는 보고가 아니라 통보다. 2. 시각화를 잘해서 보고하는 것이 좋다.
정보 보고	1. 부가적 정보는 신선도가 생명이다. 2. 사실과 추론을 분리하라. 3. 사실 + ( ) + ( ) 을 동시에 전달하라.

MEMO

6. 일잘러의 시간 관리

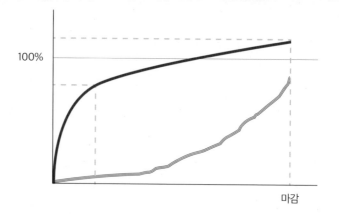

일잘러	일못러
✓ 지시보다 조금 ( )	✓ 지시보다 조금 ( )
✓ 뒤로 갈수록 ( )	✓ 막판으로 갈수록 ( )
✓ 돌발 상황 시 ( )	✓ 돌발 상황 시 ( )
✓ 여유가 ( )	✓ 항상 ( )

6. 일잘러의 시간 관리

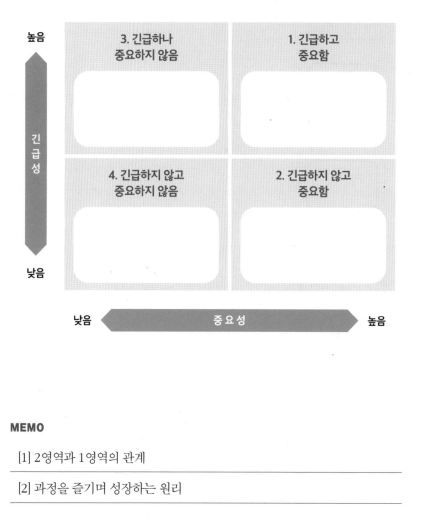

MEMO

[1] 2영역과 1영역의 관계

[2] 과정을 즐기며 성장하는 원리

7. 일잘러의 정보력(디지로그 시스템)

▶ 디지로그 메모, 어떤 방법이 있을까?

> 아이디어
> 1

> 아이디어
> 2

> 아이디어
> 3

MEMO

7. 일잘러의 정보력(분석력을 높이는 법)

▶ 5W 2H 메모 프레임

- Why

- What

- Where

- Who

- What

- How

- How much

MEMO

_____

_____

_____

_____

_____

_____

언택트 시대,
프로 일잘러의 업무 공식 S.T.A.R

초판 1쇄 발행 2020년 8월 20일
초판 4쇄 발행 2023년 11월 10일

지은이 김용무, 손병기
펴낸이 이지은　　펴낸곳 팜파스　　기획·진행 이진아　　편집 정은아
표지 디자인 어나더페이퍼　　디자인 박진희　　마케팅 김민경, 김서희

출판등록 2002년 12월 30일 제10-2536호
주소 서울시 마포구 어울마당로5길 18 팜파스빌딩 2층
대표전화 02-335-3681　　팩스 02-335-3743
홈페이지 www.pampasbook.com | blog.naver.com/pampasbook
페이스북 www.facebook.com/pampasbook2018
인스타그램 www.instagram.com/pampasbook
이메일 pampas@pampasbook.com

값 16,000원
ISBN 979-11-7026-351-7 13320

이 도서의 국립중앙도서관 출판예정도서목록(CIP)은 서지정보유통지원시스템 홈페이지
(http://seoji.nl.go.kr)와 국가자료공동목록시스템(http://www.nl.go.kr/kolisnet)에서
이용하실 수 있습니다.(CIP제어번호: CIP2020030074)